VOYAGE

EN

PORTUGAL.

VOYAGE

EN

PORTUGAL

A TRAVERS LES PROVINCES

D'ENTRE-DOURO ET MINHO, DE BEIRA,
D'ESTRAMADURE ET D'ALENTEJU,

DANS LES ANNÉES 1789 ET 1790;

CONTENANT des Observations sur les
Mœurs, les Usages, le Commerce,
les Édifices publics, les Arts, les
Antiquités, etc. de ce Royaume.

TRADUIT DE L'ANGLAIS DE JACQUES MURPHY,
ARCHITECTE.

ORNÉ DE PLANCHES.

TOME SECOND.

A PARIS,

Chez DENNÉ jeune, Libraire, rue Vivienne, Maison de
l'ancienne Caisse d'Escompte, n°. 41.

1797.

TABLE

DES ARTICLES

Contenus dans ce second Volume.

LISBONNE,   pag. 1
Origine et accroissemens de Lisbonne,
                                         6
État présent de Lisbonne,   24
Place du Commerce,   30
Statue équestre de Joseph premier,
                                         32
Canon de Diu,   38
Roscio (place),   42
Promenades et amusemens publics,
                                         43
L'Église patriarchale,   49
Revenus annuels de ladite église,
                                         51

Ses dépenses ordinaires,   pag. 52

Lorette,   57

Église de Saint - Roch,   59

La nouvelle Église,   61

Cimetière du comptoir anglais,   64

Épitaphe de Henri Fielding,   68

Monastère royal de Belem,   70

Bon - Succès,   73

Séminaire irlandais,   74

Aquéduc de Lisbonne,   77

Montant de la viande vendue par les bouchers de Lisbonne dans l'année 1789,   85

Institutions de Charité,   87

Observations sur les Loix du Portugal,   92

Traité de Méthuen,   100

Commerce du Portugal avec l'Irlande depuis Mars 1781 jusqu'en Mars 1782,   103

Observations sur les mœurs et les usages du Portugal,   106

Extraits des observations météorolo-

giques faites à Lisbonne dans les
années 1783, 1784 et 1785 , pag. 143
Observations sur l'année 1781 ,   146
Montant des Mariages , Naissances et
    Morts enregistrés à Lisbonne dans
    les années 1788 et 1789 ,   ibid.
Des Juifs Portugais ,   147
Le Père Louis de Sousa ,   161
Lettre du Roi de Mélinde à Emma-
    nuël , Roi de Portugal ,   167
Cintra ,   176
L'Hermitage de Liége ,   198
Description de Cintra ,   200
Penha-Verde ,   201
Don Jean de Castro ,   204
Inscription samskrite ,   228
Commentaire d'une inscription écrite
    dans la langue samskrite et avec
    les caractères de Déva - Negaree ,
    fourni par Charles Wilkins , écuyer ,
        236
Mafra ,   252
Sétuval ,   256

viij   TABLE DES ARTICLES.

Béja, pag. 267
Evora, 276
Aquéduc de Quintus Sertorius, 278
Temple de Diane, 283
Charnier. 287

Fin de la Table du second Volume.

VOYAGE

VOYAGE

EN

PORTUGAL.

Lisbonne.

IL doit paraître bien extraordinaire que Lisbonne étant aussi fréquenté qu'il l'est par les négocians et les voyageurs de toutes les parties civilisées du globe, aucun ne nous ait décrit ses manufactures, ses antiquités, sa police et ses édifices publics. Je n'aurai point la témérité de l'entreprendre. Tout ce que je puis offrir à mes lecteurs se borne à quelques remarques succintes sur les objets qui se sont présentés à moi pendant les dix mois que j'ai résidé dans cette ville.

Tome II. A

Lisbonne, la capitale du Portugal, est bâtie sur les bords du Tage, dans la fertile province de l'Estramadure, et par la latitude de 38 degrés 48 minutes. On compte environ sept milles de cette ville au point de réunion du Tage avec l'Océan atlantique. Son havre est étendu et profond. Il présente à l'ami du commerce un des plus riches points de vue qu'il est possible d'imaginer, par la quantité de bâtimens de toutes les nations qu'il renferme.

Aux approches de cette capitale, les églises, les couvens, les châteaux, les fermes et les jardins situés dans la partie du nord-ouest présentent un air de richesse et de grandeur qui étonnent ; mais leur éclat disparaît, en quelque sorte, quand on les considère de près. La partie du sud-est offre un coup-d'œil non moins imposant, et d'un genre vraiment pittoresque. C'est une longue chaîne d'alpes et de rochers suspendus.

L'attention est bientôt détournée de

dessus ces objets par la vue de Lisbonne, qui des bords du Tage s'élève insensiblement en un magnifique amphithéâtre. On ne pouvait pas faire choix d'un site plus analogue à la grandeur d'une métropole. Cette ville est bornée du côté du nord-ouest par des montagnes, et de celui du sud-est par la mer. Ses maisons sont distribuées sur sept collines, qui ont chacune leur vallée intermédiaire. La plupart de ces édifices commandent la rivière et le pays d'Alenteju qui lui est opposé. Le désagrément de l'inégalité du terrain est bien compensé par les belles vues que son élévation procure, et par le voisinage de la mer qui fait de Lisbonne une ville délicieuse et salubre. Là, le Tage dans sa partie la plus resserrée peut avoir deux milles anglais de large et neuf dans sa partie la plus ouverte. Quand on réfléchit aux avantages immenses que le commerce du Portugal pourrait retirer d'une si ma-

gnifique rivière et d'un havre aussi bien
situé , par une communication facile
avec les hémisphères de l'est et de
l'ouest, on est très-étonné que Lisbonne
ne soit pas la capitale la plus riche et
la plus peuplée de l'Europe. Je joins
ici un état des bâtimens qui ont mouillé
dans son port en 1789.

Bâtimens portugais.	Noms des lieux d'où ils avaient été expédiés.
3	du Bengale.
6	de Macao.
1	de Goa.
2	d'autres ports d'Asie.
Total 12	de l'Asie en général.
23	de Bahia.
26	de Maranhaon.
13	de Para.
2	de Paraiba.
1	de Penaiba.
33	de Fernambuc.
16	de Rio-Janeiro.
1	de Porto-Santo.

Bâtimens portugais.	Noms des lieux d'où ils avaient été expédiés.
2	du cap Verd.
117	de différens ports d'Europe.
6 vaisseaux de guerre.	

Tot. 252.

Bâtimens étrangers.	Noms des lieux d'où ils avaient été expédiés.
75	de l'Amérique.
4	des Bermudes.
24	du Dannemarck.
1	de Gênes.
81	de France.
10	de Hambourg.
22	d'Espagne.
64, y compris 6 vaisseaux de guerre.	de Hollande.
6	de Trieste et d'Ostende.
5	de Lubec.
7	des États maritimes du roi de Prusse.

A 3

Bàtimens étrangers.	Noms des lieux d'où ils avaient été expédiés.
1	de la Russie.
7	de Raguse.
2	de Suède.
12	de Venise.
319, y compris 29 paquebots et 4 vaisseaux de guerre	d'Angleterre et d'Irlande.

Tot. 640.

Total 892.

Origine et progrès de Lisbonne.

Il en est de l'origine de Lisbonne comme de celle d'un grand nombre d'autres villes ; elle se perd dans la nuit des temps. Beaucoup d'écrivains se sont mis en campagne pour la retrouver ; mais il en est peu parmi eux à qui on puisse appliquer le nom d'antiquaire : car le véritable antiquaire est comme le mathématicien. Il ne marche jamais qu'à la lueur des faits et du raisonnement; il ne procède que du connu à l'inconnu. Quoiqu'il en soit de ces écrivains, quelques-uns d'eux ont eu le courage de traverser les ténèbres et de remonter jusqu'au déluge; mais plus ils avançaient, plus il semble qu'ils laissaient la vérité derrière eux.

Suivant l'opinion la plus générale, Ulysse fut le fondateur de Lisbonne après la destruction de Troye, et lui donna son nom.

« Vous voyez sur cette toile, dit *Gama* au catual ou ministre de Calicut, les anciens héros du Portugal. Il y a long-temps que la sépulture a couvert leurs cendres; mais la grandeur de leurs actions a éternisé leur mémoire. Ce vieillard que vous avez remarqué d'abord est *Lusus*, qui a donné son nom à la Lusitanie. Il fut le fils ou du moins le compagnon de Bacchus. Après avoir partagé les conquêtes de ce dieu, il passa dans l'Espagne. Il vint sur les bords du Duéro et de la Guadiane, que leur beauté avait fait nommer dès ce temps les Champs Élysiens. Charmé de la fertilité de ces riantes campagnes, il y établit sa demeure, donna son nom aux habitans du pays, et voulut qu'on y élevât le tombeau qui devait recevoir ses cendres. Le rameau qu'il tient est le thyrse de Bacchus, et montre que notre fondateur eut pour père ou pour maître le dieu de la vigne, et qu'il fut le compagnon de ses victoires. Voyez cet autre héros, qui, après avoir erré sur tant de mers, se trouve enfin dans les régions arrosées par le *Tage,* où il élève des murs d'une éternelle durée, et un temple à Pallas en reconnaissance des bienfaits qu'il en a reçus. C'est Ulysse, l'un des vainqueurs de Troye. Il érige cet édifice en l'honneur de la déesse qui lui inspira l'éloquence et qui le guida dans ses exploits. Il fonde en Europe la célèbre ville de Lisbonne ». *Lusiade*, *chant VI.*

Quoiqu'il en soit de cette opinion, il n'est pas douteux que la situation de Lisbonne ne lui ait attiré de bonne heure des habitans. Les premiers, selon Pline, furent les anciens Turtuléens, d'où sont issus les Turtuléens actuels de l'Andalousie, peuple brave et adroit, comme l'éprouvèrent tant de fois les Celtes et les Phéniciens dans leurs guerres contre l'Espagne. Parmi les nations qui se sont emparées tour-à-tour de la Lusitanie, les Romains, dit-on, envoyèrent une colonie à Lisbonne peu de temps après avoir conquis Carthage. Il paraît d'après plusieurs inscriptions trouvées dans cette première ville, et rapportées par de *Cunha* dans son histoire ecclésiastique de Lisbonne, que Jules-César s'en rendit maître, et qu'il lui donna le nom de *Felicitas Juliana* (Délices de Jules).

Environ l'an 409 de notre ère, l'empire des Romains en Lusitanie fut envahi par les Alains, les Suèves et les Vandales, qui à leur tour le virent passer de leurs mains en 716 dans celles des *Arabes*, maîtres de l'Espagne. Ceux-ci transformèrent le nom de la capitale, qui jusqu'alors avait été appelée *Ulisipo* ou *Lispo*, en celui de *Lisiboa*, parce que, suivant *Castro*, la lettre *p* n'est pas connue dans l'alphabet *maure*. De *Lisiboa* on fit avec le temps *Lisboa* que nous traduisons par le mot *Lisbonne*.

La première atteinte que reçut la puissance des Arabes en Portugal lui fut portée par *Alphonse le Chaste*, roi de Galice et d'Asturie, qui, avec le secours de Charlemagne, conquit ce royaume en 798, et mit le siége devant sa capitale. Les assiégés après une vigoureuse résistance furent obligés de rendre les armes à la valeur des chrétiens. Pendant un intervalle de près de trois cents années, les Chrétiens et les Maures régnèrent tour-à-tour sur ce pays, jusqu'à ce que les derniers se reconnurent tributaires d'Alphonse VI de Castille en 1093.

Les Maures continuèrent d'être soumis à l'Espagne sous le comte Henri, fondateur de la monarchie portugaise; mais ils secouèrent le joug sous son successeur Alphonse Henrique, le premier roi chrétien du Portugal. Ce prince entreprit vainement de réduire Lisbonne. Se trouvant un jour sur la montagne de *Cintra*, il apperçut une flotte composée d'environ deux cents voiles, anglaises, françaises et flamandes, qui faisaient route vers le *Tage*, sous le commandement de *Guillaume-longue-épée*. Cette flotte était destinée pour une expédition dans la Terre-sainte; mais le manque d'eau et des avaries à réparer l'obligeaient à relâcher. Le roi proposa aux chefs de l'aider à prendre Lisbonne, ce qu'ils acceptèrent. En conséquence leurs troupes montant à quatorze mille hommes furent débarquées et réunies à celles des Portugais devant la ville. Le siége continuait depuis cinq mois avec une égale opiniâtreté de la part des assiégeans et des assiégés, quand les coalisés, résolus de vaincre ou de périr, livrèrent le jour de Sainte-Ursule un assaut à la place, et l'emportèrent à la pointe de l'épée. Le nombre des infidèles péris dans cette journée se monte, suivant Faria, à deux cent mille.

La relation, peut-être, la plus authentique qui ait jamais paru de ce siége célèbre, se trouve dans une lettre latine écrite en 1147 à l'évêque de Tours, par un personnage de distinction nommé *Arnulfe* qui était embarqué à bord de la flotte combinée. Cette lettre découverte parmi les manuscrits de la bibliothèque d'une abbaye en Aquitaine, fut publiée dans le premier volume de la collection des anciens monumens formée par Martin et Durand, et imprimée à Paris en 1724. Comme cet ouvrage n'est pas à la portée de tout le monde, nous allons en extraire la lettre, à laquelle nous joindrons quelques notes explicatives pour la satisfaction de ceux qui desireront connaître la méthode employée dans ces temps reculés pour l'attaque et la défense des places.

« Le lundi après la Pentecôte, étant entrés dans la rivière de *Douro*, nous mouillâmes devant Oporto. L'évêque de cette ville, comme s'il eût pressenti les intentions de son Souverain, manifesta la plus grande joie au sujet de notre apparition. Nous restâmes onze jours à l'ancre pour attendre le comte *Arnold d'Ardescot* et le *Connétable Christian* qu'une tempête avait séparés de nous. Nous fûmes pourvus pendant tout le temps de notre relâche de provisions et de rafraîchissemens de toute espèce, grace à la munificence du prince.

» Aussi-tôt que le comte et le connétable furent arrivés, nous remîmes à la voile. En deux jours nous atteignîmes le Tage, et jetâmes l'ancre devant Lisbonne la veille de la fête des apôtres

Saint-Pierre et Saint-Paul. Cette ville qui, suivant les historiens arabes, dont les ouvrages étaient parvenus jusqu'à nous, fut fondée par Ulysse après la destruction de Troye, est entourée de murs d'une construction admirable, et défendue par plusieurs tours établies sur une montagne qui semble défier toutes les forces humaines.

» Notre débarquement achevé, nous commençâmes par dresser nos tentes, et avec l'assistance divine, nous nous rendîmes maîtres le premier juillet des fauxbourgs de la ville. Après divers assauts tentés contre la place, et qui coûtèrent beaucoup de monde aux deux partis, nous nous occupâmes jusqu'au premier Août à préparer des machines.

» Nous élevâmes près de la rivière deux tours formidables, l'une à l'est occupée par les Flamands, et l'autre à l'ouest par les Anglais. Nous fîmes en même temps quatre espèces de parapets de nos vaisseaux; de sorte que nous pouvions attaquer l'ennemi de six postes différens.

» Le jour de la fête de Saint-Etienne martyr, nous commençâmes à attaquer la ville, soit des tours, soit des vaisseaux; mais contrariés par les vents, et atteints par les mangoneaux (1) de l'ennemi, nous éprouvâmes quelque perte. Tandis que nos troupes étaient aux prises avec les Maures, le feu, par la négligence des Anglais, prit à la tour confiée à leur défense, et rien ne put l'éteindre.

---

(1) L'auteur latin emploie ici le mot *magnellis*. Peut-être étaient-ce des machines semblables au *mangonellus*, en français *mangoneau*, de Duçange. « *Mangonellus*, » dit-il, est le diminutif de *mangona*, et signifie une » petite machine propre à lancer un corps ». *Mézeray*, dans son traité sur les siéges des anciens, suppose que *mangonellus* ou *mangona* est un terme générique, servant à désigner les machines avec lesquelles on lance des pierres et des traits, et dont les espèces sont très-variées, comme le *mangoneau*, la *fronde*, l'*arc*, la *canne-à-vent*, etc. instrumens construits à-peu-près sur les mêmes principes que la *baliste*.

» Nous revînmes bientôt à la charge, et nous dirigeâmes nos machines contre la place ; mais à peine avions - nous commencé à battre en brêche que les Maures lancèrent contre nos machines des feux d'artifices (1) qui les consumèrent presqu'entièrement, tandis qu'ils firent parmi nous un ravage terrible avec leurs arcs et leurs frondes. Nos gens furent consternés de la perte de

---

(1) Il est beaucoup question dans quelques auteurs des feux d'artifice employés dans les anciens siéges ; mais aucun ne nous dit précisément ce qui entrait dans leur composition. Les *malleoli* dont parle *Vitruve*, *liv. X, chap. XIII*, étaient, à ce qu'on prétend, des machines remplies d'artifices de la nature de celles qu'on nomma par la suite *feu grégeois*. Les Turcs dans les guerres des croisades firent usage de ce feu qu'ils lançaient par le moyen d'un instrument appelé *mangoneau*. Suivant l'histoire, il avait un tel degré d'intensité qu'il consumait la pierre et le fer. On ne pouvait parvenir à l'éteindre qu'avec un mêlange de vinaigre, de sable et d'urine. Le P. Daniel rapporte que Philippe-Auguste, roi de France, importa d'Acre une grande quantité de ces artifices dont il se servit au siége de *Dieppe* pour brûler la flotte anglaise mouillée dans le port.

leurs

leurs compagnons et de celle des machines (1); mais s'abandonnant entièrement à la garde de Dieu, ils reprirent courage et firent de nouvelles machines.

» Les assiégés dans le même temps éprouvaient la plus grande disette de provisions. Ce n'est pas que quelques-uns n'en eussent en abondance ; mais ils les gardaient pour eux, et laissaient mourir de faim leurs concitoyens pauvres, réduits pour prolonger leur malheureuse existence à se nourrir de chiens et de chats. Plusieurs eurent recours à la générosité des chrétiens qui leur administrèrent le sacrement de baptême ;

---

(1) Les anciens plaçaient leurs *tortues* (instrumens de guerre) dans des fossés qu'ils entouraient de fascines faites avec de jeunes branches d'arbres bien clissées, sur lesquelles ils étendaient des planches. Ils couvraient ensuite ces planches de peaux ou de cuirs en double cousus ensemble et garnis d'algues marines ou de pailles macérées dans du vinaigre. Au moyen de ces précautions, les balistes et les artifices ne pouvaient rien contre les tortues. *Voyez Vitruve, liv. X, chap. XX.*

Tome II.   B

d'autres repoussés par eux, après avoir
eu les mains coupées, furent massacrés
par leurs compagnons. Je pourrais citer
un plus grand nombre de traits tous
aussi déplorables; mais j'alongerais trop
ma lettre.

» Le jour de la Nativité de la Vierge,
un Italien très-industrieux, natif de
Pise, entreprit de construire une grande
tour de bois, pour remplacer celle des
Anglais qui avait été détruite. Cet important ouvrage fut achevé vers le milieu d'Octobre, moyennant la bienveil-
lance du roi qui joignit ses travailleurs
aux nôtres. Les pionniers des deux armées furent aussi employés à miner les
murs de la place. Les Maures craignant
la suite de nos préparatifs firent une
sortie à l'improviste, et nous livrèrent
bataille le jour de Saint-Michel. L'affaire dura depuis trois heures du matin
jusque dans l'après-midi.

» Au moment le plus fort de l'ac-
tion, nous réussîmes par un mouvement

bien entendu, exécuté par nos archers,
à couper la retraite aux infidèles dont
pas un ou du moins très-peu échap-
pèrent sans être blessés. Nos gens reprirent ensuite leur ouvrage auquel ils
travaillèrent jour et nuit; le tout fut
achevé en même temps. Le roi à la tête
des troupes anglaises se posta dans la
tour, et fit battre en brèche les murs de
la ville. La veille de la fête de l'abbé
de *Saint'-Gal*, on mit dans la nuit le
feu à la mine (1), qui nous ouvrit un
passage d'environ deux cents pieds à
travers la muraille.

____

(1) Les planches et autres bois employés dans la
fabrique des mines du genre de celle-ci, pour soutenir
la terre, étaient généralement enduits de matières com-
bustibles, telles que de la poix, du goudron, de l'huile,
et on les entourait de fagots secs, de sorte qu'aussi-tôt
que le feu y était mis, tout l'appareil prenait flamme.
Le centre consumé, la terre s'éboulait et avec elle la
partie du mur qu'elle supportait. Il fallait que ces mines
occupassent une grande étendue de terrain; car autrement elles n'eussent pas produit un effet bien considérable.

B 2

» En même temps nos troupes se présentèrent à la brêche en poussant des cris de joie. Nous nous étions imaginés que l'ennemi se serait replié ; mais nous apperçûmes au contraire les Maures accourant de tous les quartiers de la ville pour défendre cette partie du terrain qui se trouvait très-difficile à forcer, à cause de sa pente. On en vint donc aux mains, et l'engagement commencé à minuit durait encore le lendemain, lorsque sur les neuf heures du matin nos troupes excédées de fatigues et de blessures se retirèrent pour prendre un peu de repos, et attendre qu'on eût fait approcher la tour pour les soutenir. L'ennemi était aux abois.

» Aussi-tôt que la tour, garnie de nos meilleurs soldats, eut atteint le pied de la muraille, et que le signal de l'attaque fût donné, nos troupes chargèrent de toutes parts l'ennemi avec une intrépidité sans exemple. Les braves Lorrains combattaient sur la brêche ; mais le détachement posté avec le roi sur la tour souffrait beaucoup des mangoneaux des Maures, qui assaillaient cette forteresse mobile avec tant de furie qu'ils auraient finie par la détruire, s'il ne lui fût survenu un renfort.

» En effet, dès que nous eûmes connaissance du danger où elle se trouvait, nous détachâmes quelques-uns de nos meilleurs bataillons pour voler à la défense d'une machine sur laquelle nous avions fondé toutes nos espérances. Elles ne furent pas trompées; car à peine les Maures virent-ils les Lorrains et les Flamands s'élancer sur la tour, que, glacés d'étonnement et de terreur, ils jetèrent bas leurs armes, et agitèrent leurs mains en signe de paix.

» Bientôt après, arriva l'alcade ou le commandant de la place, qui offrit de rendre la ville. Il fut convenu que tous les magasins, ainsi que l'or et l'argent qui s'y trouveraient, nous seraient livrés, et que Lisbonne avec ses habitans et son territoire feraient partie désormais des possessions d'Alphonse. Ainsi se termina, le jour de la fête des onze mille vierges, et avec une perte de deux cent mille cinq cents Maures, ce siége mémorable qui fut encore plus l'ouvrage du ciel que des hommes (1) ».

---

(1) La conquête de Lisbonne fut un coup important pour la monarchie naissante du Portugal. Cette ville renferme un des plus beaux ports de l'univers, déjà très-fortifié avant l'invention de l'artillerie. L'ancienne muraille bâtie par les Maures était défendue par soixante-dix-sept tours, et avait six milles de long et quatorze de circonférence. Lorsque don Alphonse en fit le siége, sa garnison se montait, suivant quelques écrivains, à deux cent mille hommes. Si le fait n'est pas impossible, il est du moins invraisemblable, et prouve seulement que la ville était bien défendue. Ce qui est bien plus certain, c'est qu'Alphonse dût la prise de cette ville à une flotte d'aventuriers, la plupart anglais, qui se rendaient à la terre sainte. Un *Udal ap Rhys*, auteur d'un voyage en Portugal, dit qu'Alphonse leur donna *Almada*, située de l'autre côté du Tage, et que *Villa Franca* fut peuplée par eux et reçut le nom de *Cornualla*, soit en honneur du *Cornouaille* leur pays natal, soit à cause des belles prairies du voisinage où paissaient d'immenses troupeaux à l'instar de ceux du Cornwal.

Malheureux insensé , comme si le ciel avait pu vouloir que tant de braves et innocentes créatures périssent victimes d'un ambitieux ! comme si le ciel enfin avait soif du sang des hommes !

Camoëns a décrit ainsi cette victoire; car les poëtes chantent tout.

« Et toi , Lisbonne , souveraine du monde, ouvrage immortel de l'éloquent Ulysse, toi à qui la mer obéit ; tu te rends toi-même aux armées portugaises. Le ciel envoie contre toi au secours des Lusitaniens une flotte puissante, partie des régions boréales pour aller combattre les Sarrasins. Les guerriers d'Albion et de la Bretagne, conduits dans l'embouchure du Tage , se joignent au grand Alphonse, dont la réputation est parvenue jusqu'à eux, et mettent le siége devant la ville d'Ulysse. La lune a renouvellé cinq fois son cercle lumineux, depuis que Lisbonne résiste à ces fiers assiégeans , et oppose à une attaque terrible une défense intrépide. Elle succombe enfin, et emportée d'assaut, elle devient la proie des vainqueurs. Elle succombe cette ville indomptable (1), qui n'avait pas été renversée par le torrent impétueux de ces barbares du Nord, qui donnèrent des noms vandales aux terres arrosées par le Bétis. Quand Lisbonne a cédé, quels remparts résisteront à la valeur d'Alphonse » ?

État présent de Lisbonne.

Il n'a paru jusqu'ici rien d'exact sur la population de cette ville. La rapidité de ses progrès dans ces derniers temps rendait tout calcul incertain. Les quarante paroisses qui forment la division de Lisbonne contenaient en 1780 trente-trois mille sept cent soixante-quatre maisons, et en 1790 elles se montaient

----

(1) Cette assertion de Camoëns n'est pas sans fondement ; car ce fut la trahison qui livra Lisbonne au Goth *Herminétic.*

à trente-huit mille cent deux. Ainsi l'augmentation dans un cours de dix années se trouve être de quatre mille trois cent quatre-vingt-huit maisons. Si nous comptons maintenant six personnes par chacune d'elles, terme moyen qui me paraît le plus s'approcher de la vérité, la population de Lisbonne en 1790 devait comporter deux cent vingt-huit mille six cent douze personnes. Il faut ajouter à ce nombre les religieux des deux sexes, avec leurs desservans, répandus dans les différens monastères et couvens de la ville, la garnison, les professeurs et les écoliers des colléges et des séminaires, et les ouvriers galiciens n'ayant aucun domicile fixe. Ce supplément que je porte à douze mille, et je ne crois pas me tromper, élévera alors la population de cette capitale à deux cent quarante mille ames.

Mais, à en juger par l'étendue de Lisbonne, elle doit être encore plus considérable ; car cette ville a quatre milles de long sur un mille et demi de large, comme on peut le voir dans la *pl. IV*. Cependant il est une considération dont il faut tenir compte en déduction ; c'est que la plupart des maisons sont accompagnées de grands jardins, et que celles qui sont privées de cet agrément occupent un large emplacement à cause de la chaleur du climat.

Les cruels effets du tremblement de terre de 1755 sont encore visibles dans plusieurs quartiers de la ville , et rappellent douloureusement à la mémoire du spectateur un événement qui, d'après les calculs les plus exacts, a coûté la vie à vingt - quatre mille personnes. Celles qu'il épargna ont sans cesse présente à l'esprit la scène de désolation dont elles furent les témoins ; c'est l'ère d'où elles datent tous les événemens modernes. On les voit frémir au moindre mouvement qui a quelque rapport avec celui dont elles conservent le souvenir. Elles sont sensibles néanmoins aux avan-

tages que leur ville a retirés de la destruction de ses anciennes rues étroites
et de ses maisons mal-saines. Ainsi le
mal est suivi quelquefois du bien, en
forçant les hommes de recourir à des
expédiens salutaires auxquels ils n'auraient peut-être jamais pensé. Les Portugais ont profité de cette terrible ca-
tastrophe, comme les Anglais de l'incendie arrivé à Londres en 1666.

Les nouvelles rues de Lisbonne sont
larges, régulières, bien percées, et garnies, comme les nôtres, de trottoirs
pour les gens à pied. Les maisons sont
élevées, uniformes et d'une construction solide (*voyez la planche IV*). La
manière de les bâtir est assez singulière ;
le charpentier est le premier employé.
Quand la cage du bâtiment est achevée,
on appelle les maçons qui élèvent entre
poteaux un mur de cailloutages ou de
briques. Les Portugais prétendent que
les maisons ainsi bâties résistent davantage aux secousses des tremblemens

de terre qu'éprouve souvent Lisbonne.

Le rez-de-chaussée de chaque maison, quand il ne fait pas boutique, sert de magasin en gros. Les négocians qui louent ces magasins y tiennent ordinairement leurs voitures et quelquefois leurs chevaux.

Quoique le voisinage de Lisbonne abonde en excellens matériaux de construction, une maison coûte plus cependant à y bâtir qu'à Londres. Cette différence provient, en grande partie, du défaut de machines pour le transport des matériaux, et d'instrumens convenables pour abréger le travail. L'industrie des Portugais y supplée cependant d'une manière étonnante.

Des piéces qui composent les quatre étages d'une maison, l'attique est la plus agréable. Cette piéce est souvent ornée d'un balcon entouré d'une jolie ballustrade de fer doré et recouvert d'un pavillon en soie ou en toile, sous lequel les dames assises sur des coussins pendant la forte chaleur du jour, passent leurs temps, soit à lire, soit à coudre, ou à correspondre au-dehors avec leurs amans au moyen de leurs doigts, langage muet qu'elles sont parvenues à réduire en un système alphabétique parfaitement expressif.

Les maisons des personnes riches sont en général magnifiquement meublées. On y rencontre plus d'objets des manufactures des Indes et de la Chine que de celles dé l'Europe. Les appartemens sont distribués de manière à ce que la chaleur ne puisse y pénétrer. Il est très-rare d'y voir des cheminées; un bon manteau en tient lieu en hiver. On laisse en général toutes les portes ouvertes, et des sonnettes y remplacent les marteaux.

Lisbonne ne dégoûte plus aujourd'hui les étrangers par sa mal-propreté; mais il y manque encore beaucoup de choses, tels que des bains publics, des fontaines et des privés.

En général, rien n'y est distribué dans
l'ordre des convenances. Une des principales rues modernes est presque toute
occupée par des tonneliers et des chau-
dronniers.

Les magasins des plus riches marchands sont établis près de la bourse.
Ribeira Velha est le marché le plus
considérable. Il y existe quelques magasins appartenans à des marchands
d'Hambourg , dont l'intérieur présente
un aspect formidable. Je les pris à la
première vue pour des arsenaux de
guerre ; mais en m'approchant, je découvris que ce que je prenais pour des
boulets n'étaient que des fromages, dont
chacun avait la dureté et le poids d'un
boulet de trente-deux. On m'assura qu'il
s'importait annuellement dans cette ville
soixante mille de ces boulets.

La place du Commerce.

Cet établissement d'une date nouvelle

a six cent quinze pieds de long sur cinq cent cinquante de large ; trois de ses côtés sont fermés par des édifices, et le quatrième par le *Tage*. La bourse et la douane occupent la partie nord. On trouvera, *planche V*, une vue de ces bâtimens prise à bord d'un vaisseau sur le Tage. Tout le long règnent des arcades et des boutiques. Il paraît que l'architecte ne s'est proposé dans la construction intérieure et extérieure de ces édifices que la solidité et la simplicité. On n'y rencontre point de vastes appartemens pour loger des commissaires, point de cabinets obscurs pour les commis, ni de caves inondées d'eau pour y tenir les marchandises fraîches. Les amateurs de pareils embellissemens trouveront à se satisfaire plus amplement dans la nouvelle douane de Dublin.

La statue équestre de Joseph premier.

Au centre de la place dont nous venons de parler, est une statue équestre en bronze de Joseph premier; ouvrage d'un grand mérite, et le seul de cette espèce qui ait été encore élevé en l'honneur d'un roi de Portugal. Ce monument fut érigé par les soins du marquis de Pombal. En le consacrant à la gloire du roi dont il était le ministre, il n'oublia pas la sienne. En effet, son effigie exécutée en bronze fut placée à côté du piédestal; mais elle n'y resta que le temps de sa puissance. A peine eut-il perdu et le roi et sa place, que le buste fut brisé par ceux mêmes qui, quelques jours auparavant, se prosternaient aux pieds de l'original. Rien n'approche de l'indifférence admirable avec laquelle il apprit cet événement. «*Je m'en réjouis,* » dit-il; *car ce buste ne me ressem-* » *blait pas* ».

Lorsque

Lorsque l'on considère le peu de pro-grès des arts en Portugal et la difficulté qu'il y avait à exécuter une statue aussi magnifique, on ne saurait trop faire l'éloge de ceux qui l'ont entrepris. Le modèle fut fait par un sculpteur nommé *Joachim Machado de Castro*, qui con-çut et exécuta pareillement les grouppes emblêmatiques placés sur les côtés du piédestal. Ces seuls morceaux suffisent pour établir la réputation du sculpteur aux yeux des artistes et des amateurs: Le grouppe du côté nord, entr'autres, est un chef-d'œuvre de conception, de goût et de délicatesse.

La figure et le cheval sont aussi deux très-belles productions ; mais dans les ouvrages de ce genre il ne faut pas s'ar-rêter aux détails, les touches. délicates du ciseau se trouvant toujours perdues par la fonte. Ce ne sont donc que les masses qu'il faut considérer, et sur les-quelles doit s'exercer la critique. Sous ce point de vue, de *Castro* n'a rien à en redouter; car il a déployé le talent d'un grand maître.

Barthélemi de *Costa*, qui a coulé la statue, mérite les mêmes éloges dans sa partie. Il l'a fondu d'un seul jet, sans manquer un seul membre, circonstance qui, depuis la restauration de l'art de fondre les statues équestres en bronze (1), et en fait de monumens de la grandeur de celui-ci, n'avait peut-être déjà eu lieu qu'une fois. Encore suis-je incertain si la statue de Joseph premier n'est pas plus grande que celle dont je veux parler, qui représentait Louis XIV sur la place Vendôme à Paris. Elle avait vingt-quatre pieds français de haut, et fut fondue d'une seule piéce par *Balthazar Keller*, natif de Zurich. De *Costa* a coulé non-seule-

---

(1) Si M. *Boffrand* n'est pas le premier qui ait fait revivre l'art de fondre d'un seul jet les statues équestres, il a du moins beaucoup contribué par ses mémoires à le perfectionner.

ment la statue de Joseph premier, mais il l'a transportée encore de la fonderie, et élevée sur le piédestal où elle repose.

Le sculpteur et le fondeur sont nés tous les deux en Portugal. Le dernier pour le récompenser de son travail a été promu au grade de brigadier dans le service, avec le traitement attaché à ce rang ; et tous ceux qui le connoissent attestent que ses talens militaires font honneur à cette place élevée. Quant au sculpteur *Machado de Castro*, qui avait un droit incontestable au mérite principal de l'ouvrage, comme l'ayant dessiné et modelé, il est resté parfaitement dans l'oubli, et sur mille Portugais il n'en existe peut-être pas un qui sache qu'il est l'auteur de la statue. Quoique ses talens le placent à côté des premiers artistes de son siècle, à peine est-il connu dans son propre pays. Il est vrai que le roi de Portugal l'a créé chevalier ; mais la récompense s'est bornée-là, et depuis ce moment il a vécu dans l'obscurité et l'indigence. Une personne digne de foi m'assura peu de temps avant mon départ de Lisbonne, qu'il avait été obligé de s'adresser à un homme en place pour obtenir des réparations au plancher de son appartement.

Le Portugal a la réputation comme l'Irlande d'avoir toujours négligé ou persécuté les grands hommes qui y ont pris naissance. Les annales de ces deux nations nous représentent ces hommes dont les écrits et les ouvrages sont autant de leçons pour leur siècle et les générations suivantes; l'histoire, dis-je, nous les représente expirant dans une prison ou dans un hôpital, comme une lampe qui s'éteint faute d'aliment. Ainsi que Galilée en Italie, l'immortel prince Henri en Portugal fut calomnié et persécuté par ceux de ses compatriotes qui se croyaient plus grands que lui. Ils l'appelaient le chevalier errant des mers, tandis qu'il ne cherchait qu'à reculer les bornes de l'univers, s'il est permis de s'exprimer ainsi. L'amiral *Pacheo* qui étonna l'hémisphère oriental par ses importantes découvertes, et qui reçut à son retour à Lisbonne des honneurs égaux à un triomphe, fut bientôt après jeté dans une prison et chargé de fers. Absous par la suite des crimes qu'on lui imputait, il acheva le reste de ses jours dans la plus affreuse misère. Tout le monde connaît la destinée de *Magellan*, de *Vernei* et de *Vieira*. Qui n'a donné des larmes à celle du Virgile Portugais, de Camoëns, mort dans une maison de charité, et qui, tandis qu'il mettait la dernière main à son poëme immortel, ne subsistait que des aumônes recueillies dans les rues de Lisbonne par un nègre qui le servait. Nous desirons pour l'honneur du Portugal que *Machado de Castro* soit le dernier exemple des talens négligés.

Le canon de Diu.

Le canon de *Diu*, ainsi dénommé pour avoir été pris au roi de Camboye pendant le siége de *Diu* dans l'Inde, fut envoyé en Portugal avec d'autres trophées par *Nuno de Cuna* vers 1539, et déposé dans le château de Saint-Julien, situé à l'entrée du port de Lisbonne. Il y resta jusqu'à l'époque où la statue équestre de Joseph premier devant être jetée en moule, on l'en retira avec plusieurs autres piéces de bronze pour servir de matériaux. Il y avait alors près de la Cour de Lisbonne un ambassadeur de Tunis qui, en examinant ce canon, jeta par hasard les yeux sur une inscription arabe gravée sur la culasse. D'après l'explication qu'il en donna par le moyen d'un interprète portugais, qui se trouvait être le révérend père de Sousa, il y eut ordre de retirer le canon du fourneau et de le transporter dans l'arsenal de Lisbonne. Il a vingt-huit palmes de long, c'est-à-dire, environ vingt pieds anglais, et il est d'un calibre proportionné. On en trouvera la figure (*planche VI, fig. A*) avec l'inscription arabe, dont je joins ici la version portugaise telle qu'elle m'a été remise obligeamment par le père de Sousa.

Traduction portugaise.

Inscripçao arabe, que està em hua peça chamada de Dío; aqual se acha na fundicao : com a traduçao da dita em portuguez. Lida, e traduzida, pelo padre Fr. Joao de Sousa, religiozo du 3ª ordem da penitencia da provincia de Portugal.

Do nosso soberano Mahêy ; rei dos reis do seculo ; filho da nobre senhorn Rahân ; defensor da lei Mahometica ; vencedor dos

Taneos (1) ; expugnador, e destruîdor dos Ebaditas (2), no memora vel dia , da pelêja, antes do rei Salib ; herdeiro do rei Sulîman ; confidente em Deos ; pai da patria, e das sciencias ; rei de Madarchah.

Foi. fundida à *5* do mêz de Zil Kâde , anno de 939 da hegîra , que corresponde a 16 janeiro de 1526.

T R A D U C T I O N   F R A N Ç A I S E.

Copie d'une inscription arabe , gravée sur un canon apporté de Diu et déposé dans l'arsenal de Lisbonne , transcrite et traduite en Portugais par le père François-Jean de Sousa , moine du troisième ordre des pénitenciers de la province du Portugal.

De notre souverain Mahêy , roi des rois

---

(1) Os Taneos, sao huns povos, que vivem junto a Ethiopia.

(2) Os Ebaditas, sao certos povos descendentes de Ismael ; os quaes occupavao a Mesopotomia , ens margens do rio Eufrate.

du monde, fils de l'illustre reine Rahân, dé-
fenseur de la loi de Mahomet, vainqueur
des *Tanéens* (1); exterminateur et triom-
phateur des *Ebadites* (2), dans la mémorable bataille qu'il livra au roi *Salib*, héritier du roi Soliman, confident de Dieu, père
de son pays et protecteur des sciences, roi
de Madarchah.

Ce canon fut fondu le cinquième jour du
mois de *Zil Kâde* en l'année 939 de l'hégire,
lesquels répondent au 16 janvier A. D. 1526.

L'inscription de la *fig. B* (*pl. VI*)
m'a été aussi donnée par le P. de Sousa,
mais sans traduction. Ce savant m'a dit
que l'original se trouvait sur une ancienne fontaine près la forteresse de la
ville de Moura.

---

(1) Les *Tanéens* sont des peuples qui habitent près
de l'Ethiopie.

(2) Les *Ebadites* sont des descendans d'*Ismaël*. Ils
habitent la Mésopotamie, sur les bords de l'Euphrate.

Le Roscio.

Le *Roscio* est une des places les plus remarquables de Lisbonne. Presque toutes les maisons qui en forment l'enceinte sont occupées par des boutiques. C'est sur cette place qu'est situé l'antre de l'inquisition, vaste et lugubre bâtiment, aussi silencieux maintenant que le temple de Janus. Au-dessus du fronton, dans le centre de la partie la plus élevée, est un grouppe de figures, représentant la religion qui foule sous ses pieds l'hérésie.

Je me trouvai sur cette place en mars 1790, lorsque cinq bataillons d'infanterie y conduisirent trois criminels, coupables de vols et d'assassinats, pour y être exécutés. Le peuple, privé depuis quelques années d'un pareil spectacle, y courut en foule ; mais plusieurs des assistans payèrent chér leur curiosité. Un des soldats de garde s'étant pris de querelle avec un matelot, la troupe s'imagina qu'on voulait sauver les condamnés. Elle se porta aussi-tôt vers le rassemblement, la baïonnette au bout du fusil, et en peu de minutes la place fut déserte. Beaucoup de personnes furent blessées dangereusement; d'autres perdirent dans leur fuite précipitée la plus grande partie de leurs effets.

Promenades et amusemens publics.

Près du *Roscio* sont des promenades publiques créées par le marquis de Pombal, qui, grand amateur du beau sexe, imagina ces lieux de rendez-vous publics pour délivrer les femmes de la gêne à laquelle elles avaient été jusque-là si injustement condamnées, et les rapprocher en même temps de la société des hommes. Ces établissemens bordés d'espaliers et plantés d'arbres ainsi que d'arbustes, ne semblent cependant pas, tout agréables qu'ils sont, avoir atteint

le but social que s'en était promis le
marquis de Pombal en les formant. Les
habitans de Lisbonne disent pour raison que les femmes jouissent aujour-
d'hui d'une plus grande liberté que ci-
devant, et que la jalousie des hommes
diminue tous les jours avec les causes
qui la provoquaient.

Ces promenades contiennent deux
théâtres dramatiques qui sont pleins les
dimanches. Je n'y ai jamais vu que peu
de femmes , et toujours séparées des
hommes , à la différence des autres
spectacles. L'orchestre et la musique de
ceux-là sont très-bons, les habits et les
décorations passables , les acteurs faibles ou plutôt mauvais. Comme il est
interdit aux femmes depuis quelques
années de monter sur le théâtre , les
hommes sont obligés de jouer leurs
rôles. Rien de plus ridicule ni de plus
dégoûtant à la fois que de voir sous les
habits d'une femme un homme à larges
épaules et menton barbu , représenter

la belle et tendre Inès de Castro, sur-
tout dans cette scène si attendrissante
où, prosternée aux pieds du roi avec ses
deux petits enfans, elle implore sa pitié.
Cette scène de la tragédie de *Luiz*,
qui fait fondre en larmes même à la
simple lecture, récitée par un homme
femme, en fait bien aussi verser, mais
de compassion pour le malheureux poëte.
Au lieu de ces accens plaintifs et doux
de la belle victime, je m'imaginais entendre le mugissement des flots luttans
contre la tempête.

Les autres acteurs, principalement
ceux qui représentaient le roi Alphonse
et don Pèdre, ne manquaient pas de
talens. Ils possédaient sur-tout ce jeu
facile et agréable que nous admirons
dans les acteurs français.

Le cirque destiné aux combats des
taureaux n'est qu'à une très-petite distance des deux théâtres. Les combats
de taureaux passent insensiblement de
mode dans la capitale. Ceux dont j'y

fus témoin ne comportaient ni l'appareil ni le degré de cruauté de la fête à laquelle j'avais assisté à *Leyria*. Après tout, la manière de tourmenter et de déchirer ces pauvres bêtes avec des chiens, comme on le fait en Angleterre et dans quelques autres parties de l'Europe, n'est peut-être pas plus barbare que celle qu'on emploie en Espagne et en Portugal; mais très-clairvoyans pour les défauts de nos voisins, nous sommes aveugles pour les nôtres, et tels que ces sorciers qui, suivant le facétieux Rabelais, avaient hors de chez eux une vue de lynx, mais qui, rentrés dans l'intérieur de leurs maisons, ôtaient leurs yeux et les serraient dans des étuis de bois.

La description que j'ai faite des combats de taureaux à Leyria, me dispense de parler de ceux de Lisbonne, qui leur ressemblent à peu de chose près. Je vais entretenir mes lecteurs d'un genre de spectacle plus nouveau. Il s'agit d'une représentation de la chasse au taureau telle qu'elle a lieu dans le Brésil.

Je me trouvais au cirque lorsque ce divertissement y fut donné pour la première fois. Il rendit parfaitement la manière employée par les habitans de cette fertile région américaine, qui ne chassent le taureau que pour se procurer le cuir de cet animal, qu'ils envoient en Portugal où on le prépare. Les Brésiliens font peu de cas de la chair; ils n'en prennent que ce qui leur est nécessaire pour leurs besoins du moment, et ils abandonnent le surplus aux oiseaux et aux bêtes fauves.

Le cirque était garni de monde. Vers les cinq heures de l'après-midi un naturel de *Fernambuc* se présenta dans l'arène monté sur un cheval de race arabe très-vif. Le cavalier avait le teint cuivré, des traits forts, les cheveux noirs et la tête découverte. Il portait un manteau de la forme à-peu-près du *paludamentum* des anciens Romains.

Une peau de bête sans apprêt, et deux
cordes lui servaient de selle et d'étriers;
le reste était à l'avenant.

Aussi-tôt que le cavalier eût salué la
compagnie, un taureau dont on avait
eu soin d'exciter la férocité, se précipita sur lui et l'eut déchiré du premier
bond sans la légèreté de son cheval et
son adresse à diriger tous ses mouvemens. L'animal furieux le poursuivit
pendant quelque temps autour de l'a-
rêne, jusqu'à ce qu'enfin, excédé de
fatigue, il s'arrêta tout haletant au milieu du cirque.

Le cavalier continua tranquillement
sa course circulaire, tenant dans sa
main une longue corde, à l'extrêmité
de laquelle était un nœud coulant. Une
occasion favorable s'étant présentée, il
la lança à travers les cornes de l'animal, et tourna deux fois autour de lui
pour le mieux enlacer. Alors, donnant
ordre d'ouvrir la porte, il mit son cheval
au plein galop pour tendre la corde
dans

dans toute sa longueur ; mais une se-
cousse de l'animal le renversa sur le dos
et fit plier son cheval sur ses pieds de
derrière. Ainsi incliné, il se cramponna
à sa monture avec ses genoux, la bride
dans la bouche et la corde dans ses
mains. Aux efforts du taureau pour se
dégager avec le secours de ses pieds de
devant, sa tête se trouva prise dans
l'entre-deux, de manière qu'il ne lui fût
plus possible de faire aucun mouvement.
Alors le Brésilien abandonnant son cheval s'approcha du taureau, et tirant de
dessous son manteau une espèce de
lance courte, d'un bras adroit et fort
il la darda dans la tête de l'animal qui,
renversé du coup, périt aussi-tôt.

L'Église patriarchale.

Cette église est située dans le nord-
est de la ville, sur une éminence qui
commande une vue aussi étendue que
belle. Il faudrait un volume entier pour
décrire les reliques, l'or et l'argent, les

pierres précieuses et les riches ornemens que renferme le trésor de cet antique édifice. Les objets qui méritent le plus de fixer l'attention des voyageurs, sont neuf grands candelabres et la croix placée dans la chapelle du roi. Cette croix qui est d'argent doré a plus de douze pieds de haut et présente un travail fini. Il en est de même de celui des candelabres. Les mystères du Christ et de la Vierge Marie y sont représentés dans des grouppes en demi-relief. On y trouve aussi des emblêmes relatifs aux premières conquêtes et découvertes du Portugal. Comme la croix, ces candelabres sont d'argent doré, et portent des festons tout autour. Les intervalles des grouppes sont garnis de *lapis lazuli*, de diamans et d'autres pierres précieuses.

Ce fut un Italien nommé Antoine *Arrighi* qui donna le dessin des candelabres et de la croix. Ils furent exécutés, partie à Rome, partie à Florence, en l'année 1732, et ils firent l'admiration des connaisseurs et des amateurs

des beaux arts dans ces deux villes.
Ces objets, comme on l'imagine aisément, doivent être d'un prix considérable, puisque la façon seule a coûté,
dit-on, trois cent mille crusades ou
sept cent cinquante mille livres tournois.

Cette dépense et celle des autres embellissemens de l'église ont été acquit-
tées par les revenus de l'établissement,
les frais ordinaires prélevés. Voici un
état de ces revenus en 1747, d'après le
père de *Castro*.

*Revenus annuels de l'église patriar-
chale de Lisbonne.*

	reis.
Anciennes fondations...	30,005,560
Contributions des évêchés et des bénéfices....	94,982,512
Rentes des églises, maisons et terres en dépendantes........	31,474,717
Confiscations et amendes.	250,843,880
Total.....	407,306,669

Dépenses annuelles et ordinaires de
ladite église.

	reis.
5 principaux dignitaires .	23,766,000
1 doyen	4,853,200
18 sous-dignitaires	83,757,600
72 prélats	115,200,000
20 chanoines	20,000,000
12 bénéficiers	8,400,000
32 sous-bénéficiers	16,000,000
32 bénéficiers inférieurs . .	8,000,000
5 maîtres de cérémonies . .	520,000
7 acolites	350,000
29 chapelains	4,560,000
2 trésoriers	180,000
2 dépositaires des orne- mens de l'église	220,000
1 dépositaire de la cire .	140,000
20 sacristains	1,488,000
17 chapelains célébrant messe dans les ancien- nes chapelles royales . .	769,040
	288,203,840

reis.

Montant de l'autre part . 288,203,840

71 choristes italiens et portugais	30,672,800
4 organistes	520,000
1 compositeur italien . . .	180,000
1 portier.	120,000
6 gardiens	320,000
12 surveillans	360,000
4 messagers ou commissionnaires	80,000
6 balayeurs	267,840
2 porte-flambeaux . . .	148,800
1 orfévre	640,000
2 tapissiers	412,800
1 perruquier.	9,480
2 sonneurs avec leurs aides.	400,000
1 facteur d'orgues.	20,000
1 scribe, 1 illuminateur et 1 graveur	600,000
12 confesseurs.	600,000
	323,555,560

D 3

                         reis.

	reis.
Montant de l'autre part .	323,555,560
4 prédicateurs	94,000
Cire.	6,200,000
Pour peindre la cire	210,800
Processions, chaises et appropriement de l'église . .	2,000,000
Pour nettoyer et réparer les ustensiles d'argent . .	250,000
Blanchissage	392,000
Raccommodage du linge .	120,000
Huile pour quarante-cinq lampes.	500,000
Vin pour messes.	150,000
Hosties.	24,000
Encens.	24,000
Charbon	20,000
Rameaux.	600,000
Calendriers.	48,000
Distribution le jour de Saint-Antoine.	70,000
Draps verts et rouges. . .	60,000
	334,318,360

reis.

Montant de l'autre part . 334,318,36o

Tenture de l'église les
jours de fêtes. 236,ooo
Écoles. 1,8oo,ooo
Dépenses imprévues . . .   8oo,ooo

       Total 337,154,36o

Les deux sommes ci‑dessus réduites
en livres tournois donnent le montant
suivant :

Total de la	reis.	liv. tournois.	s.
recette an			
nuelle . .	407,3o6,669	2,545,666	12
Total de la			
dépense			
annuelle .	337,154,36o	2,107,216	15
Reste. . .	70,152,3o9	438,449	17

Cet excédent de la recette sur la dépense est mis en réserve pour les réparations, les ustensiles, et autres achats
nécessaires.

Nous n'avons point fait entrer dans

D 4

l'état de dépense ci-dessus l'établissement du patriarche qui est très-consi-
dérable, vu sa grande dignité. Son éminence qui a le pas sur tous les arche-
vêques et évêques du royaume comme
cardinal, est en même temps premier
aumônier du roi. Le principal revenu
de sa place consiste dans des droits sur
toutes les mines dépendantes du Portugal. Il retire aussi une forte somme des
terres attachées à l'église, et la tréso-
rerie royale lui paie tous les ans *cent
quinze mille livres tournois*. Ainsi, en
comptant au plus bas, nous estimons
que le patriarche jouit d'une somme
annuelle de 720,000 livres tournois,
rente bien supérieure sans doute à celles
des patriarches de l'ancien testament.
Les revenus de cette église se trouvent
par-là monter à 3 millions 265 mille
666 livres 12 sols de France. *O altitudo
divitiarum !*

Lorette.

L'église de Lorette, fondée il y a peu d'années par le nonce du pape, jouit d'une grande réputation pour son architecture. Mais ses admirateurs y voient des beautés que je n'ai pu découvrir, et je suis porté à croire que les éloges qu'on en fait viennent moins de son mérite intrinsèque que de ce que le dessin en a été tracé en Italie. C'eut été sans doute une forte recommandation du temps du *Palladio ;* mais nous ne pouvons accorder le même privilége aux Italiens de ce siècle, tels que les *Borromini,* les *Bibiena* et leurs disciplines , ces modernes Vandales d'une nation où le goût de la belle architecture se trouve aussi corrompu que parmi la plupart des autres peuples de l'Europe.

« O Italie ! Italie ! que sont devenus » tes arts si vantés? et combien tu as

» dégénéré de ta gloire première » !

Camoëns.

Plusieurs ouvriers étaient occupés à applanir une partie de la hauteur sur laquelle est située cette église pour y bâtir des maisons. J'observerai que l'excavation qui, en quelques endroits, pouvait alors avoir trente pieds, n'offrait dans toute sa profondeur qu'un sable rouge mêlé de pétrifications, de l'espèce sur-tout des *crustacées*, dont on avait déjà enlevé plusieurs tombereaux. J'estime l'élévation du terrain à environ trois cent cinquante pieds au-dessus du niveau de la mer.

Comme je me trouve dans le voisinage de l'église des cordeliers, je ne puis m'empêcher de faire mention d'une inscription qu'offre une pierre placée dans l'angle nord-est de cet édifice. Il y en a une autre pareille à l'entrée de l'église des carmes. Je ne me permettrai point de les mettre sous les yeux de mes lecteurs. Il serait à desirer pour l'honneur de la religion qu'elles fussent effacées, ou du moins si cet acte de bienséance contrariait les règles et les usages de ces moines, je voudrais qu'on retournât les pierres.

L'église de Saint - Roch.

Cette église appartenait dans le principe aux jésuites. Son architecture ne présente pour le dessin et l'exécution que ce qu'on peut retrouver dans une église d'un style ordinaire. Les murs et le plafond offrent quelques bonnes peintures à fresque : mais l'attention se fixe avec empressement sur une petite chapelle dédiée à Saint-Jean-Baptiste, la plus riche peut-être de toutes celles de cette grandeur qui se trouvent en Europe. Parmi les matériaux qui la décorent, on remarque le *lapis lazuli*, le granit oriental, le porphyre, l'améthiste, l'albâtre, le verd antique, la coraline, le marbre de Carare et celui de Sienne.

Elle renferme aussi trois beaux tableaux, supérieurement exécutés en mosaïque : l'un, représentant le baptême du Christ, est placé au-dessus de l'autel ; les deux autres qui sont une Annonciation et une descente du Saint-Esprit, figurent de chaque côté. Le plancher est pareillement en mosaïque avec des bordures en treillage et une sphère armillaire dans le centre. Les colonnes et le ciel de l'autel sont en *lapis lazuli*. La table de celui-ci est supportée dans ses encoignures par des chérubins d'argent, et accompagnée de deux grands candelabres du même métal. Les fûts des colonnes sont formés en stries, avec des filets d'or.

D'après le calcul le plus modéré, ces colonnes ont coûté deux millions de crusades, ou cinq millions tournois. Elles furent exécutées à Rome par les

plus habiles artistes de cette ville sur
les ordres du roi Jean V, qui en fit présent aux jésuites en 1751. Les amateurs
des beaux arts regrettent vivement de
voir d'aussi admirables productions en-
sevelies, pour ainsi dire, dans une chapelle obscure, retirée et basse, comportant à peine dix-sept pieds de long sur
douze de large.

La nouvelle Église.

Cette église, bâtie sous le règne du
roi actuel, est le plus vaste et le plus
magnifique édifice qu'on ait construit
dans Lisbonne depuis le tremblement
de terre qui renversa une partie de ses
maisons. On dit que ce monument a
coûté cinq millions de crusades, ou douze
millions cinq cent mille livres tournois.
Il a la forme d'une croix et est situé
est et ouest. En général, les Portugais
font rarement attention aux aires de
vent dans la construction de leurs

églises ; et c'est un usage que nous devrions adopter, car le grand Être, à qui ces édifices sont consacrés, est également présent au nord, au sud, à l'est et à l'ouest.

De son immensité Dieu remplit tout l'espace.

Le centre de la nouvelle église est terminé par un dôme magnifique en pierres de taille. Ce dôme prend sa naissance au point d'intersection de la nef et du chœur, et s'arrondit graduellement au moyen de pendentifs qui partent des angles des colonnes. Rien de plus fini que cet ouvrage, et cela ne doit point étonner ; car il n'y a peut-être pas dans l'Europe entière d'aussi excellens tailleurs de pierres qu'en Portugal. Nous regrettons que la vérité ne nous permette pas d'en dire autant de ses architectes.

Dans tout ce qui a trait à la main-d'œuvre, il n'y a rien à critiquer ; mais il y a très-peu à louer relativement à l'architecture. Nous ne parlerons point des tours, ni du globe dont est surmontée la coupole. Avec la plus simple connaissance des règles de l'optique ou de la perspective, on eût évité les défauts qu'on y remarque, comme la plus légère étude de l'ordre composite eût suffi pour disposer la façade orientale telle qu'elle devait être. En effet, les colonnes de l'arcade au lieu de supporter l'édifice ne soutiennent qu'une petite partie de l'entablement, et encore le point de contact n'est-il pas absolu; de sorte que ces colonnes ne sont ou ne paraissent être d'aucune utilité. Un Athénien s'imaginerait qu'elles y sont exposées en vente; et cet Italien qui, entraîné par ce goût naturel aux gens de son pays pour les pasquinades, écrivit, il n'y a pas long-temps, les deux vers suivans sur l'une des colonnes d'un édifice situé dans le voisinage de *Saint - James* à Londres, pourrait en faire une application aussi juste à celles dont je viens de parler. Voici le distique italien avec les traductions anglaise et française.

ITALIEN.

Caro colonne, che fatte là ?
Non lo sappiamo in verità !

ANGLAIS.

Tell me dear columns, why do you stand so ?
Indeed, M. Pasquin, we really don't know !

FRANÇAIS.

Colonne, réponds-moi, que fais-tu là debout ?
Ma foi, monsieur Pasquin, je n'en sais rien
    du tout !

Le Cimetière du comptoir anglais.

Ce cimetière, le seul qui soit exposé en plein air à Lisbonne, est situé dans la partie nord-ouest de cette ville.

Les habitans, ainsi que toutes les autres personnes de la communion catholique qui meurent à Lisbonne, sont enterrés

enterrés dans les caveaux des églises.
Après que les corps y ont été déposés,
on les couvre de chaux pour en consumer les chairs plus promptement et prévenir par-là le mauvais air.

La loi défend de laisser les morts
exposés plus de vingt-quatre heures.
C'est un réglement très-sage, vu la
chaleur du climat; car, en admettant
qu'il fût possible que sur mille un pût
revenir à la vie en n'enterrant les corps
que cinq ou six jours après, comme en
Angleterre, il est plus possible encore
que, pour une personne de sauvée,
mille ne succombassent victimes de la
corruption de l'air.

Le terrain qui renferme ce cimetière
fut assigné aux Anglais en 1655, conformément au quatorzième article du
traité d'alliance conclu entre l'Angleterre et le Portugal du temps d'*Olivier
Cromwell*. Le même article contient
aussi les restrictions auxquelles sont as-
sujétis les premiers relativement à l'exer-

Tome II.   E

cice de leur religion dans ce royaume.
En voici la traduction littérale :

« Lesdites conventions de bonne har-
» monie et de commerce seront nulles
» et d'aucun effet, dans le cas où quel-
» que particulier de la république an-
» glaise serait troublé dans sa liberté de
» conscience, soit qu'il voyage dans les
» royaumes et domaines dudit roi de
» Portugal, soit qu'il y réside pour ses
» affaires. Afin donc que le commerce
» puisse être libre et assuré sur terre et
» sur mer, ledit roi de Portugal aura
» un soin extrême qu'aucun Anglais ne
» puisse être troublé, inquiété et mo-
» lesté par quelqu'individu, cour de
» justice ou tribunal quelconque au
» sujet de sa religion, ou pour faire
» usage des bibles anglicanes ou autres
» livres. Il sera libre, en outre, auxdits
» républicains, n'importe quel domaine
» dudit roi ils habiteront, d'observer
» et de professer, sans trouble ni em-
» pêchement, les rits de leur religion,

» soit dans des maisons particulières
» avec leurs familles, soit s'ils le jugent
» plus convenable à bord des navires
» et vaisseaux de leur nation ; et enfin ,
» il leur sera assigné un emplacement
» pour y enterrer leurs morts. Les An-
» glais promettent, de leur côté, de ne
» pas aller au-delà de ce qui est con-
» venu dans cet article ».

Parmi les cendres qui reposent dans ce cimetière sont celles du célèbre Henri Fielding ; mais, dois - je le dire ? pas un monument, pas la moindre distinction n'y signale les restes de cet écrivain, aussi recommandable par ses vertus que par ses grands talens.

En 1786, le consul français à Lisbonne, nommé Saint - Marc de Meyrionet, lui avait érigé à ses frais un petit monument, que l'on voit encore dans le cloître des cordeliers. Je n'ai pu savoir pourquoi il n'avait pas été placé dans le cimetière ; mais il a dû y avoir plus d'un motif d'exclusion. 1°. Le

monument est mesquin ; 2°. l'épitaphe
n'offre ni à propos ni poésie ; 3°. la
vanité paraît avoir dirigé l'auteur plutôt
que la reconnaissance. En effet , le dernier vers de l'épitaphe que je transcris
ici prouve que, loin d'avoir travaillé à
perpétuer la mémoire de *Fielding*, le
poëte n'a cherché qu'à se faire honneur
ainsi qu'à son pays (1).

*Monument érigé en 1786 à Henri
Fielding, mort en 1754.*

« Sous ces cyprès touffus, parmi ces os muets,
» Tu cherches de *Fielding* les restes mémo-
    rables ;
» De la mort et du temps , déplore les effets ,
» Ou déteste plutôt l'oubli de ses semblables.

---

(1) Quelqu'estime que nous ayons pour l'auteur de
ce voyage , nous ne pouvons nous empêcher de remarquer qu'il y a plus d'humeur que de justice dans sa
critique. Le vengeur de la mémoire de Fielding devait
s'attendre au moins à de l'indulgence de la part de l'un
de ses compatriotes. Mais quel plus bel hommage le
consul français pouvait-il rendre à cet écrivain célèbre

» Ils élèvent par-tout des marbres fastueux,
» Un bloc reconnaissant ici manque à tes
    vœux,
» Et ton pas incertain craint de fouler la
    cendre,
» Sur laquelle tes pleurs cherchent à se ré-
    pandre.

» Vieillard, qui détruis tout dans un pro-
    fond silence,
» Ne dissous point ce marbre à *Fielding*
    consacré !
» Qu'aux siècles à venir il arrive sacré,
» Pour l'honneur de mon nom et celui de
    la France » !

Voici un épitaphe que lui a consacré
M. Smart.

« Élève de la Grèce et de Rome, censeur
» intrépide des vices de ton siècle, toi qui
» couvris de ridicule les travers des hommes,

____

que de s'honorer de ce monument, et d'en faire un
nouveau titre de gloire pour sa nation ! Si c'est-là de
l'orgueil, ce ne peut être que celui de la vertu. Ah !
laissons l'amour-propre s'exercer ainsi pour le bonheur
des sociétés humaines ! *Note du Traducteur.*

E 3

» et nous rendis la vertu plus belle et plus
» touchante ; observateur profond du cœur
» humain, poëte, homme du monde et phi‑
» losophe à la fois, toi qui de ton cabinet
» dispensais et l'éloge et le blâme, comman‑
» dais aux loix mêmes et tenais dans tes
» mains le sceptre de la justice ; vengeur de
» la vertu opprimée, protecteur de l'inno‑
» cence et de la faiblesse humaine, Fielding,
» la mort t'enleva sur ces rivages lointains
» à tes travaux immortels, à ta patrie, à tes
» enfans et à leur mère jeune encore ! Une
» terre étrangère récèle ta cendre ; mais ton
» ame dégagée des entraves de ce monde et
» réunie au principe incréé des êtres, jouit
ɢ dans les régions supérieures de ce bonheur
» ineffable, récompense de la vertu ».

Le Monastère royal de Belem.

Sur les bords du Tage, à environ
cinq milles au sud‑ouest de Lisbonne,
sont situés le monastère et la magni‑
fique église de *Belem*, fondés en 1490
par le roi Emmanuël, et achevés par son
fils Jean III en faveur des moines de

l'ordre de Saint - Jérôme. On lit au-
dessus de la porte d'entrée du monastère l'inscription suivante, que l'on dit
avoir été composée par le célèbre *André
de la Résende.*

L a t i n.

Vesta mole sacrum divinæ in littore matri
　　Rex posuit regum maximus Emmanuel.
Auxit opus hæres regni, et pietatis uterque
　　Structurâ certant, religione pares.

F r a n ç a i s.

Le roi des rois, le grand Emmanuël, fonda
sur ces bords ce vaste édifice, et le consacra
à la mère de Dieu. Héritier de sa gloire et
de sa puissance son fils l'acheva. Égaux en
piété, ils le furent aussi en magnificence.

Heureusement la providence a pré-
servé ce beau monument des effets ter-
ribles du fameux tremblement de terre
de 1755. Le seul dommage qu'il éprouva
fut la chûte du grand arceau de la
voûte, qui, fortement ébranlé par les

secousses, tomba l'année suivante. Je vais citer le bel éloge que fait M. Frézier de cet édifice. Je connais peu d'écrivains aussi bons juges que lui en pareille matière.

« On peut remarquer, dit-il, dans
» les anciennes églises et cloîtres go-
» thiques, une variété admirable de
» compartimens ; ce que j'ai vu de
» plus beau et de mieux exécuté dans
» ce genre, est au monastère de *Be-*
» *thléhem*, auprès de Lisbonne en Por-
» tugal, tant à l'église qu'au cloître, où
» la plupart des nervures sontde mar-
» bre ». *Traité de Stéréotomie, t. III,*
p. 28.

Cette église renferme les cendres d'un grand nombre de membres des familles royales du Portugal, et de plusieurs autres personnages distingués, à en juger par les inscriptions qu'on lit sur leurs monumens. L'architecture est un mélange des styles normand, gothique et arabe. On trouve dans le cloître attenant à l'église des arabesques d'une composition riche, élégante et soignée.

Le fondateur de ce superbe établissement a fait élever de l'autre côté de la rivière, en face de l'église, une tour solidement construite, et deux bateries garnies de plusieurs piéces de canon, pour défendre le monastère et l'entrée de la capitale. Joseph premier a fait pratiquer aussi près de cet endroit un très-beau quai et des cales.

Bon - Succès.

Ce monastère fut érigé en 1626 par des religieuses de l'ordre de Saint-Jérôme; mais par la suite, la reine Louise de Gusman en disposa libéralement en faveur de plusieurs Irlandaises, qui se consacrèrent à la vie monastique. *Bon-Succès* est dédié à Saint-Dominique, et relève de l'abbé Général de cet ordre ou de son représentant, qui est le recteur du couvent des dominicains irlan-

dais établi dans cette ville. Deux cha-
pelains du même ordre et natifs aussi
d'Irlande desservent ce monastère.

Le Séminaire irlandais.

Ce couvent ou ce collége de l'ordre
des dominicains fut fondé en 1659 par
la reine Louise de Gusman, la même
qui institua les religieuses irlandaises
dont j'ai fait mention ci - dessus. Le
tremblement de terre de 1755 renversa
entièrement le couvent. On dit qu'un
des moines voulant sauver le Saint-
Sacrement, et ne consultant que l'ar-
deur de son zèle, se précipita au milieu
des ruines pendant la plus forte violence du tremblement. Parvenu à enle-
ver ce qui faisait l'objet de tous ses
pieux desirs, il le transporta à l'église
de Sainte - Isabelle, suivi d'un peuple
immense qui s'était réuni à lui pour
implorer la miséricorde divine.

Quelques années après, les moines

relevèrent leur petit séminaire et leur église avec les secours qu'ils puisèrent dans la bourse des fidèles. Plusieurs respectables familles catholiques d'Irlande s'empressèrent d'y contribuer ; mais ce fut le bon peuple portugais qui supporta la plus grande partie des frais.

Ces moines sont aujourd'hui au nombre d'environ dix-huit, non compris les domestiques. Ils vivent principalement de contributions volontaires. Leurs élèves se font remarquer par leur tempérance et leur subordination ; les Portugais même, chez qui le passage de la jeunesse à l'âge mur est marqué rarement par des écarts , les proposent comme des exemples et des modèles à suivre aux jeunes séminaristes de leurs monastères. Le roi Jean premier avait une estime particulière pour ces moines irlandais, malgré la remarque piquante qu'il fit un jour à leur sujet. Regardant un soir du balcon de son palais quatre ou cinq de ces moines qui traversaient le Tage dans un bac, où se trouvaient aussi plusieurs femmes, « les moines » irlandais de votre royaume, lui dit » un de ses courtisans, aiment à ce » qu'il paraît les femmes. Cela ne m'é- » tonne point, répliqua le roi ; mais » j'aimerais mieux leur confier ma » femme que la clef de ma cave ».

Il n'existe peut-être pas dans tout le code de la jurisprudence d'Irlande de loi qui dépose plus formellement contre la mauvaise politique de son gouvernement, que celle qui défend aux catholiques-romains d'y établir des séminaires. Vous accusez leurs prêtres d'ignorance, lorsque vous ne cherchez qu'à la propager par les moyens les plus injustes et les plus tyranniques. Vous dites que les paysans irlandais sont grossiers, ingouvernables, et vous ta-rissez pour eux toutes les sources d'ins-truction. Ce n'est pas tout, vous les privez à la fois de leur religion, de leur liberté, de leurs droits, de leurs amusemens, et vous ne leur laissez que les soupirs de l'oppression. Que dis - je ! vous leur ravissez jusqu'à la douce et unique consolation d'aller pleurer sur la tombe de leurs pères. Il m'est pénible de retracer ici tous ces griefs ; mais, grace au ciel, ils diminuent, depuis que le gouvernement plus éclairé a fixé ses regards sur cette isle si long-temps négligée.

L'aquéduc de Lisbonne.

Cet aquéduc est un des plus magnifiques monumens que l'architecture moderne ait élevés en Europe, et il ne le cède peut-être pas en grandeur à tout ce que les anciens nous ont laissé en ce genre. La partie de cet aquéduc qui est située dans la vallée d'Alcantara, à environ un mille de Lisbonne, est d'un travail admirable. Elle consiste en trente-cinq arches, au moyen desquelles l'eau est conduite à travers une vallée

profonde fermée par deux montagnes.
Les dimensions de ces arches dans l'endroit le plus resserré de la vallée sont
ainsi qu'il suit :

	pieds	pouces
Hauteur des arches depuis leur naissance de terre jusqu'à celle de la voûte	230	10
Depuis la voûte jusqu'aux parapets	9	8
Depuis les parapets jusqu'au ventilateur exclusivement.	23	4
Total de la hauteur. . . .	263	10
Largeur de la principale arche.	107	8
Largeur des piles de ladite arche	28	0
Épaisseur desdites piles en général.	23	8

Les arches à droite et à gauche de
celles-ci diminuent en largeur à proportion que les piles décroissent de hauteur

par la pente des montagnes. En examinant les dimensions respectives de plusieurs de ses arches , j'ai remarqué
qu'elles ne diminuaient pas entr'elles
en progression géométrique ; ce qui est
une imperfection à l'œil et nuit infini-
ment à la beauté de la perspective. Le
lecteur qui voudra acquérir de plus
grandes connaissances sur ce point si
important d'architecture , doit consul-
ter le *Traité de Stéréotomie de Frézier*,
tome II, *page 120*, *planc. 35* , ouvrage
où cette matière se trouve parfaitement
traitée.

Il manque encore à la belle composition de ce monument, que les courbes
des arches soient les mêmes. Il en
existe parmi elles quatorze de suite de
forme gothique ou en pointe ; les autres
sont semi-circulaires. L'architecte paraît
avoir craint qu'en leur donnant à toutes
cette courbe, elles n'eussent contracté
trop de largeur par la nécessité où il eût
été de les charger davantage, ces espèces

d'arches demandant un plus grand poids que les arches en pointe pour conserver l'équilibre. En effet, excepté la *caténaire*, il n'y a point d'arche courbe qui puisse se soutenir d'elle-même sans un poids proportionné à la sous-tendante.

Le reste de cet aquéduc déploie toutes les ressources de l'art. Aucune partie ne paraît avoir été endommagée par les secousses du grand tremblement de terre, preuve certaine de l'excellence de sa construction.

Au-dessus et le long des arches règne une galerie voûtée, de neuf pieds six pouces de haut sur cinq pieds de large en dedans. On a pratiqué dans le centre un passage pour les personnes desservant l'aquéduc, et de chacun des côtés un canal ou conduit semi-circulaire le long duquel l'eau coule. Il est à observer que ces conduits ne suivent point, comme dans les autres aquéducs, une ligne inclinée, mais horisontale. Pour

forcer

forcer l'eau à prendre cette direction, t‘
on a imaginé de distance en distance
de petites écluses ; ce qui a sauvé de
trop grandes pentes à cet aquéduc. En-
dehors et des deux côtés de la galerie,
on a ménagé pour les gens à pied un
trottoir qui a cinq pieds de large, et est
défendu par un parapet en pierres.

Des restes d'anciens murs trouvés sur
les lieux ont fait supposer que les Romains, pendant qu'ils possédaient la
Lusitanie, y avaient fait élever aussi
un aquéduc.

Le roi Emmanuël avait projeté un
établissement semblable pour conduire
l'eau sur la place du Roscio, où il
comptait faire bâtir une magnifique fontaine. Le dessin en avait été même
tracé, conformément à ses ordres, par
François de *Olhando*. Il consistait en
une figure représentant la ville de Lisbonne, élevée sur une colonne et gardée
par quatre éléphans dont les trompes
auraient fait l'office de jets d'eau. Mais

Tome II.   F

Emmanuël avait de plus vastes projets
à mettre à exécution, et il abandonna
celui-ci.

L'infant don Louis le reprit sous le
règne de Jean III; mais il ne lui donna
pas plus de suite. Louis *Marinho* dit
que le sénat de Lisbonne fit faire à ce
sujet une collecte, montant à la somme
de six cent mille crusades, qui furent
dépensées à des réjouissances publiques
lors de l'entrée de Philippe III d'Espagne.

L'honneur d'exécuter ce grand et utile
établissement était réservé à Jean premier. Ce prince libéral en fit jeter les
fondemens en 1713, et il fut achevé
dans l'espace de dix-neuf ans. La ville
de Lisbonne, en témoignage de sa reconnaissance envers le fondateur, lui fit
élever un arc de triomphe où, parmi
plusieurs inscriptions, nous avons distingué la suivante :

LATIN.

JOANNES V.

LUSITANIORUM. REX.

JUSTUS. PIUS. AUG. FELIX. P. P.

LUSITANIA. IN. PACE. STABILITA.

VIRIBUS. GLORIA. OPIBUS. FIRMATA.

PROFLIGATIS. DIFFICULTATIBUS.

IMO. PROPE. VICTA. NATURA.

PERENNES. AQUAS. IN. URBEM. INVEXIT.

ET.

BREVI. UNDEVIGENTI. ANNORUM. SPATIO.

MINIMO. PUBLICO.

IMMENSUM. OPUS. CONFECIT.

GRATITUDINIS. ERGO.

OPTIMO. PRINCIPI.

ET.

PUBLICÆ. UTILITATIS. AUCTORI.

HOC. MONUMENTUM. POS. S. P. Q. O.

ANNO. D. M. D. CCXXXVIII.

F 2

FRANÇAIS.

JEAN V,

ROI DES PORTUGAIS,

PRINCE JUSTE, PIEUX, AUGUSTE ET HEUREUX,

APRÈS AVOIR AFFERMI LA PAIX

DANS SES ÉTATS

PAR UN GOUVERNEMENT SAGE, PUISSANT

ET GLORIEUX;

APRÈS AVOIR TRIOMPHÉ DES DIFFICULTÉS,

ET VAINCU, POUR AINSI DIRE, LA NATURE,

A ENRICHI CETTE VILLE D'UNE EAU INTARISSABLE;

ET

DANS LE COURT ESPACE DE DIX-NEUF ANNÉES

CET OUVRAGE IMMENSE A ÉTÉ ACHEVÉ

POUR LE BONHEUR DU PEUPLE.

LA VILLE DE LISBONNE,

EN TÉMOIGNAGE DE SA RECONNAISSANCE

ENVERS L'AUTEUR

D'UN ÉTABLISSEMENT PUBLIC AUSSI UTILE,

A FAIT ÉLEVER CE MONUMENT

EN L'ANNÉE 1738.

Le plan de cet aquéduc fut conçu et exécuté par l'architecte Manuel de *Maya.* On pourvut en partie aux frais de l'entreprise par une taxe d'un *rei* sur chaque livre de viande vendue dans la capitale. L'état suivant donnera une idée du montant de cette taxe.

État de la viande vendue dans les boucheries de Lisbonne en l'année 1789.

	Poids en arrobes.
27,985 bœufs..	324,895 $\frac{1}{4}$
1,279 veaux..	6,033
27,562 moutons	18,730 $\frac{1}{4}$
11,927 cochons	31,971 $\frac{1}{2}$
	381,630
Une arrobe répond à.....	23 l. $\frac{1}{2}$ de France.
Total du poids	8,968,305

La consommation de la viande se trouve très-réduite dans cette ville par

F 3

la quantité de poissons frais et salés
dont ses marchés sont habituellement
pourvus. La classe pauvre du peuple
dans ses jours d'abstinence fait en général usage de poisson salé que les Anglais lui apportent de Terre - Neuve.
Les Portugais l'appellent *Bacalhao*. En
1789 , il arriva à Lisbonne soixante
bâtimens chargés presqu'en totalité de
ce poisson , dont la quantité , suivant
les droits d'entrée acquittés à la douane,
se montait à cinquante - neuf mille
soixante-treize quintaux.

Lisbonne, sans compter les édifices
particuliers , renferme beaucoup d'autres établissemens publics remarquables.
J'excéderais les bornes de cet ouvrage,
si j'entreprenais de les décrire. J'observerai seulement qu'on ne rencontre dans
cette ville aucun ou du moins très-peu
de vestiges d'architecture ancienne, ce
qui est très - extraordinaire d'après sa
grande antiquité. On trouve, il est vrai,
des inscriptions en creusant des fonda-

tions ; mais ces découvertes sont fort rares. La *planche VII* contient copie de celles de cette espèce que j'ai pu me procurer. L'inscription *A* fut trouvée en 1770 dans une des caves de la belle rue de Rainha. Les quatre autres, savoir *B, C, D, E,* proviennent de fouilles semblables. On peut en voir les originaux sur le mur d'une maison située au coin de la rue de la Magdeleine.

Institutions de charité.

Ces sortes d'institutions ont toujours été considérées comme le trait caractéristique d'une nation. Quand le riche partage son superflu avec le pauvre , quand l'homme en santé contribue par son travail à secourir l'homme infirme et dénué de moyens , alors la société a atteint le plus grand degré de civilisation et l'humanité est satisfaite. Le Portugal est recommandable sous cet aspect ; car ses habitans d'eux - mêmes, et sans être provoqués par une loi, s'empressent de contribuer à l'entretien de différentes institutions de charité.

Il y a à Lisbonne un hospice pour les enfans trouvés; on le nomme l'hôpital de la Miséricorde. A l'extérieur de la principale porte d'entrée est une crêche ou berceau dans lequel on dépose l'enfant, dont on donne avis de l'exposition au moyen d'une sonnette voisine. A mesure que ces enfans grandissent et se fortifient, on les instruit avec soin des principes de la religion et de la morale. Parvenus à un certain âge, les garçons sont mis en apprentissage chez des marchands honnêtes et les filles au service. Le nombre des enfans recueillis dans cet hospice en 1789 se montait à douze cent soixante-dix-neuf.

Morts.	405
Réclamés par leurs pères .	4
Envoyés en nourrice . . .	853
Élevés dans l'hôpital . . .	17
	1279

L'hôpital royal de Saint-Joseph reçoit les infirmes des deux sexes de toutes les nations. Il est parfaitement desservi, soit en gardes, soit en médecins. Les malades y sont bien logés et bien nourris. Le nombre de ceux qui y furent admis en 1789, se monta à. .   11,020

Plus, restés de l'année précédente.   778

Total   11,798

Morts dans la même année 1789   1,308
Guéris et renvoyés.   9,688
Non guéris encore.   802

Outre ces établissemens charitables, il y a encore à Lisbonne des associations connues sous le nom de confrairies de la Miséricorde, qui s'empressent de prodiguer à l'humanité souffrante les mêmes secours et les mêmes soins. N'importe la croyance ou le pays; il suffit d'être malheureux ou infirme pour en être assisté. Leur charité ne se borne pas à accueillir les affligés, elle va encore les chercher et leur porter des consolations et des secours dans leurs asyles particuliers. Ces associations si respectables se chargent aussi des orphelins et des enfans des familles pauvres ; elles les gardent et les élèvent jusqu'à l'âge où ils peuvent être envoyés en apprentissage. Elles les placent alors chez des marchands dont l'humanité et la probité leur sont connues ; et à moins d'inconduite de la part de ces enfans de leur adoption, elles leur continuent leurs tendres sollicitudes jusqu'à ce qu'ils se soient établis. Le sort des filles dépend de leur honnêteté. Quand leurs mœurs sont irréprochables, ces associations les dotent, et de jeunes marchands industrieux les épousent pour profiter de cette dot et se ménager en même temps la protection des confrairies.

Les membres de ces sociétés visitent les prisons et les hôpitaux, et font parvenir des secours aux prisonniers qui n'ont ni argent ni amis pour les assister, et ceux d'entr'eux qui, après avoir été acquittés, sont détenus pour ce qu'ils peuvent devoir aux geoliers, n'ont jamais recours en vain à leur générosité. Aussitôt qu'un criminel est condamné à la mort, ils ne l'abandonnent plus. Ils le consolent, l'encouragent et l'accompagnent au lieu de l'exécution où ils l'exhortent au repentir. Leur humanité ne s'arrête pas à ces soins ; elle s'étend jusqu'au tombeau, et même par de-là ; car ils recueillent le corps de la victime qu'ils ensevelissent avec décence, et ils font dire un certain nombre de messes pour le repos de son ame. Ils se comportent de même envers les personnes qui meurent dans l'indigence. En vérité, il serait presqu'impossible de faire l'énumération de tous les actes de charité de ces frères de la Miséricorde, dont la bienfaisance est fondée sur les principes d'humanité et de religion les plus purs, sans aucun alliage d'ostentation

ni d'hypocrisie. Ames ardentes et gé-
néreuses , respectables bienfaiteurs de
l'espèce humaine, quelle grande et douce
récompense vous attend au tribunal suprême de la justice divine ! Mais Lisbonne n'est pas la seule ville où il y ait
de pareilles associations. On en trouve
dans toutes celles , non-seulement du
Portugal , mais encore de ses colonies.
Nous desirons bien sincèrement qu'elles
s'étendent par tout , ou plutôt qu'elles
n'aient de bornes que celles du globe.

Observations sur les Loix du Portugal.

Le roi est supposé présider en personne tous les tribunaux criminels du
royaume , et les juges , qui relèvent de
lui immédiatement , ont le droit de pro-
noncer la mort d'un coupable ; mais
leur sentence ne peut être mise à exécution que vingt-deux jours après, afin
que le condamné puisse avoir le temps
de faire réviser sa sentence, et de pro-

tester contre tout ce qui ne s'y trouve-
rait pas conforme au fait dont il a été
accusé. Cette loi est due à la justice et
à l'humanité d'Alphonse II, qui la rendit à *Coimbre* en 1211.

Au moyen de cette loi salutaire, plusieurs condamnés ont prolongé leur
existence de plusieurs années. Il y en
eut un exemple frappant sous l'administration du marquis de Pombal. Ce
ministre avait demandé un état de tous
les prisonniers du royaume, spécifiant
la durée et les motifs de leur détention.
Cette enquête de sa part avait pour
objet de reconnaître et de détruire les
abus introduits dans les prisons par les
officiers préposés à leur garde, qui,
moyennant une rétribution proportion-
née aux facultés des prisonniers, les
mettaient en liberté sur leur parole.

Parmi les personnes ainsi délivrées,
il s'en trouva une dont la sentence de
mort avait été prononcée sept ans avant
la demande du ministre, et qui depuis

sa condamnation vivait en liberté dans
le royaume et y gagnait honnêtement
son pain. Le geolier l'ayant sommé de
revenir, il obéit à l'instant, reprit ses
fers, et l'ordre arriva bientôt après de
lui faire subir sa sentence. Heureusement le roi, instruit de son affaire, lui
fit grace en considération de sa ponc-
tualité à remplir sa parole, et de la
conduite laborieuse et exempte de blâme
qu'il avait tenue hors de prison.

Il y a dans la jurisprudence criminelle
du Portugal un vice essentiel, qu'il importe extrêmement d'en faire disparaître : c'est celui de la longue détention des prisonniers avant que d'être
jugés ; détention qui va quelquefois à
des années. Il arrive de-là que, si un
innocent meurt dans l'intervalle, il emporte au tombeau la tache d'infamie
d'un coupable.

Sous le règne de Jean second et d'Emmanuël son successeur, les criminels,
au lieu d'être mis à mort, étaient em-

ployés sur les flottes portugaises desti-
nées à explorer les côtes d'Afrique ou
d'Asie , et on les débarquait sur les
terres qu'on découvrait, pour en reconnaître l'intérieur, ainsi que les habitans. S'ils réussissaient dans ces expéditions dangereuses, leurs crimes étaient
expiés par ces services rendus à l'État;
et il n'était pas rare de les voir, au
bout de quelques années , transformés
en d'autres hommes et devenir des
membres utiles de la société. La dé-
portation des condamnés à mort dans
des colonies lointaines a pris naissance
pareillement en Portugal. De tous les
genres de punition, c'est peut-être celui
qui présente les résultats les plus salutaires, et pour la société et pour les
coupables.

Les ecclésiastiques prévenus de délits
ne sont point renfermés dans les prisons ordinaires ; il leur en est affecté
une particulière qui se nomme *l'aljube*.
Elle est située près de l'église patriar-

chale, et relève du patriarche. Dans le principe, le clergé n'était jugé que par ses pairs conformément au droit canon ; mais ce privilége lui a été ôté dernièrement, et il est justiciable maintenant de la loi civile, à la grande satisfaction de tout le royaume.

Il existe à l'extrêmité sud de la ville, près de l'embouchure du Tage, une prison qui n'est point occupée aujourd'hui ; mais qui le fut par beaucoup de monde sous le ministère tout puissant du marquis de Pombal, sur-tout à l'époque de l'édit concernant l'expulsion des jésuites.

Cette prison peut être regardée comme la bastille du Portugal. L'épaisseur de ses murs, ses grilles, ses verroux, ses cachots, glacent d'horreur et d'effroi le spectateur ; et ce qui contribue à en rendre l'aspect encore plus terrible, c'est le voisinage d'une roue sur laquelle plus d'un malheureux prisonnier a dû souvent se représenter étendu.

Les

Les emprisonnemens pour cause de dettes furent abolis par un édit rendu en 1774. La loi a prescrit à la place des moyens plus doux et plus équitables de satisfaire aux demandes raisonnables d'un créancier.

Les Anglais qui résident en Portugal, sont indépendans, en certains cas, des loix du pays, ainsi qu'il est spécifié dans les articles suivans du traité de 1654.

Article VII. « Pour juger les causes » concernant les membres de cette ré-
» publique, il sera nommé un magistrat
» conservateur, de la décision duquel il
» ne pourra être interjeté appel que
» devant le sénat de *Rellaçaoso*; et cet
» appel devra être fait et l'instance en-
» tamée dans l'espace de quatre mois ».

Article VIII. « Survenant la mort de
» l'un des membres de ladite république
» en quelque domaine que ce soit du
» royaume de Portugal, les livres, pa-
» piers, marchandises, etc. à lui appar-

» tenans, ou à d'autres membres de
» cette république, ne pourront être
» saisis, retenus, ni paraphés, par les
» juges des orphelins et des absens,
» ou par leurs préposés ; mais lesdits
» livres, papiers, marchandises devront
» être remis aux facteurs anglais rési-
» dant dans ce royaume, qui auront été
» désignés par le défunt ; et dans le cas
» où ledit défunt n'aurait nommé per-
» sonne, les objets ci-dessus seront dé-
» posés, sous l'autorisation du juge
» conservateur, aux mains de deux ou
» plusieurs marchands anglais avoués
» par le consul anglais, lesquels four-
» niront bonne et valable caution, due-
» ment acceptée aussi par le consul
» anglais, à l'effet de restituer lesdits
» papiers et marchandises à leurs véri-
» tables propriétaires. Les effets qui
» seront reconnus avoir appartenus au
» mort, devront être délivrés à ses hé-
» ritiers, exécuteurs testamentaires, ou
» créanciers ».

Article XIII. « Les officiers nommés
» communément *alcades* (c'est-à-dire
» les baillifs), ou tout autre attaché au
» service de S. M., ne pourront saisir
» ou arrêter un membre de cette répu-
» blique, de quelque rang ou condition
» qu'il soit, à moins d'un ordre par
» écrit du juge conservateur, le cas du
» flagrant délit excepté. Lesdits répu-
» blicains, du reste, devront, quant à
» leurs personnes , leurs domestiques ,
» maisons, magasins, livres de compte,
» marchandises et autres effets à eux
» appartenans , jouir dans tous les do-
» maines du royaume de Portugal des
» mêmes priviléges et exemptions d'em-
» prisonnement, arrêts, ou autres peines
» quelconques, accordés ou qui le seront
» par la suite aux peuples et princes
» alliés du royaume de Portugal. Ils
» ne pourront être arrêtés dans le re-
» couvrement de leurs créances sur les
» naturels du pays ou autres personnes
» habitant ce royaume, par quelqu'ordre

» ou en vertu de quelque privilége que
» ce soit émané du prince ; libre à eux
» de poursuivre et traduire en justice
» leurs débiteurs légitimes, nonobstant
» toute protection ou privilége, fussent-
» ils fermiers des revenus du royaume,
» ou garantis par un *alvaré*, c'est-à-dire
» une loi écrite ».

Je ne suis pas certain que quelques clauses des articles ci-dessus n'aient été modifiées sous le ministère du marquis de Pombal ; ce que je puis assurer, c'est que la majeure partie, sinon le tout, continue d'être en vigueur.

Traité de Méthuen.

Le dernier traité de commerce conclu entre le Portugal et l'Angleterre date du règne de la reine Anne. On lui donne généralement la dénomination de *Traité de Méthuen*, parce qu'il a été signé au nom de la Grande-Bretagne par Jean Méthuen, écuyer.

Comme il est très-court, nous allons le transcrire ici en entier.

Traité de Commerce entre la très-sérénissime Dame Anne, Reine de la Grande-Bretagne, et le très-sérénissime Seigneur Don Pierre, Roi de Portugal et des Algarves, agréé et conclu le 27 décembre 1703.

Article I. «Sa majesté le roi de Por-
» tugal promet, tant pour lui que pour
» ses successeurs, d'admettre à perpé-
» tuité dans ce royaume et les domaines
» en dépendans, les objets de laine des
» manufactures de la Grande-Bretagne,
» prohibés jusqu'ici par les loix de
» l'État, à la condition néanmoins,
» savoir »:

Article II. « Que sa majesté le roi de
» la Grande-Bretagne s'oblige, tant en
» son nom qu'en celui de ses succes-
» seurs, d'admettre à perpétuité dans
» les États d'Angleterre les vins pro-

» venans du crû du Portugal, sans que,
» dans aucun temps, soit que l'Angle-
» terre et la France vivent entr'elles
» en paix ou en guerre, il ne puisse
» être demandé pour ces vins, par forme
» de droits d'entrée ou autres, direc-
» tement ni indirectement, soit que
» l'importation s'en fasse en pipes,
» muids ou barrils, que ce qui sera
» exigé pour la même quantité ou la
» même mesure des vins de France, en
» déduisant un demi pour cent des
» droits de douane. Si jamais il était
» porté atteinte à cette déduction, telle
» qu'elle vient d'être fixée, sa majesté
» le roi de Portugal se réserve le droit
» légitime et juste de prohiber de nou-
» veau l'introduction dans son royaume
» des objets de laine des manufactures
» de la Grande-Bretagne.

» Fait à Lisbonne, le 27 du mois de
» décembre 1703.

» JEAN METHUEN. L. S. ».

Le commerce de l'Angleterre avec le Portugal est trop connu, pour que j'en fasse mention ici ; mais celui d'Irlande avec ce royaume l'étant moins, je crois faire plaisir à mes lecteurs de mettre sous leurs yeux l'état suivant qui m'a été remis par un particulier de Lisbonne très-instruit sur cette matière. Je ne sache pas que ledit état ait été jamais rendu public.

Commerce du Portugal avec l'Irlande depuis Mars 1781 jusqu'en Mars 1782.

Exportations.	Valeur en livres sterlings.		
Liége.	2,458	1	10 $\frac{1}{2}$
Épiceries	4,197	7	10
Étoffes teintes . . .	2,152	5	2
Amandes	599	12	11 $\frac{1}{2}$
Figues	650	14	10
Raisins	1,997	10	2
	12,055	12	10

Exportations.	Valeur en livres sterlings.		
De l'autre part	12,055	12	10
Confitures.	325	16	8
Oranges et citrons	2,893	18	9
Huile.	3,490	19	2
Potasse (d'Espagne)	5,687	10	0
Sel.	23,656	5	4
Soie crue	621	6	8
Soie apprêtée, mais sans être teinte .	792	10	0
Eau-de-vie. . . .	4,605	18	0
Vinaigre.	459	3	9
Vin (en partie d'Espagne)	43,821	10	0
Différens petits articles	1,146	11	0
Total	99,557	2	2
En livres tournois ou francs . . .	2,389,368	4	4

Importations.	Valeur en livres sterlings.		
Bœuf.	19,118	0	0
Beure.	105,846	11	3
Chandelles. . . .	729	4	2
Fromage.	1,501	7	6
Poisson.	1,118	10	0
(1) Cuirs tannés .	4,550	0	0
Toiles.	5,850	14	1 ½
Porc	7,374	0	0
Différens petits articles.	299	19	3 ½
Total . . .	146,388	6	4
En livres tournois ou francs . . .	3,513,312	12	8
Importations. . .	3,513,312	12	8
Exportations. . .	2,389,368	4	4
En faveur de l'Irlande	1,123,944	8	4

(1) Une partie de ces articles était destinée pour
l'Espagne ; mais on ne le spécifia point à cause de la
guerre qui subsistait entre cette puissance et la Grande-

Observations sur les mœurs et les usages du Portugal.

Les habitans de Lisbonne peuvent être rangés sous quatre classes, savoir : la noblesse, le clergé, les commerçans et les laboureurs. Les observations que je vais présenter sur chacune de ces classes sont à-peu-près celles que tout le monde peut faire dans les rues ou sur les routes, dans les endroits publics ou dans la cabane du pauvre. Pour procéder dans l'ordre naturel, nous devrions commencer par le piédestal ou les fondemens de l'État ; mais, pour cette fois seulement, on nous permettra de renverser l'ordre du tableau, et de commencer par ce qu'on appelle *les chapitaux corinthiens des sociétés monarchico-aristocratiques.*

____

Bretagne. Les cuirs tannés, par exemple, ne pouvaient pas regarder le Portugal, puisque l'importation en est défendue dans ce pays.

La noblesse peut être considérée comme un corps entièrement distinct des trois autres. Elle a la direction suprême des principales affaires de l'État ; elle fait sa résidence à Lisbonne ou dans ses environs, et rarement en province, où à peine daigne-t-elle aller visiter ses possessions. Naître, vivre et mourir dans la capitale lui paraît un honneur insigne. Ses enfans y sont élevés dans un collége fondé exprès par le roi Joseph ; ce qui lui a fait donner le nom de *Collegio dos Nobres*, ou Collége des Nobles. Antérieurement à cet établissement ils étaient élevés à *Coimbre*, ville qui nous semble plus appropriée à cet objet, comme réunissant beaucoup d'avantages que ne peut pas offrir une place de commerce. En effet, le climat tempéré de Coimbre, le recueillement dont on y jouit, les vues délicieuses qu'elle commande, sont autant d'encouragemens à l'étude. D'un autre côté, cette ville est enrichie de trésors littéraires immenses, rassemblés depuis plusieurs siècles , et son collége est magnifique. Celui de Lisbonne au contraire est privé de tous ces avantages. Il nous paraît donc que la noblesse a fait un mauvais échange ; car il y a une grande différence entre un collége de nobles et un noble collége.

La noblesse portugaise , comparativement parlant, n'est point riche; car, si ses possessions foncières sont considérables, ses revenus sont médiocres. Je doute qu'aucun de ses membres ait jamais fait lever le plan de ses terres, ou qu'il en connaisse exactement les limites. Si jamais cette noblesse daigne s'occuper de faire ouvrir des routes et des canaux; si elle parvient enfin à ne plus regarder l'agriculture comme une profession indigne d'elle , elle sera un jour la plus riche de l'Europe, d'après la vaste étendue de ses domaines.

Le plus grand ordre règne dans ses dépenses ; mais elle est économe sans être avare. Dans un pays où il n'y a ni races de chevaux, ni tripots de jeu, ni maîtresses coûteuses, un homme peut tenir un grand état avec une fortune ordinaire; et tous ces sujets de dépense et de ruine sont heureusement inconnus à Lisbonne. Point de chars dorés, ni d'orgies de nuit, qui puissent tenter ou scandaliser le peuple. Ses devoirs, la Cour, et quelques amusemens de société, tels sont les passe-temps de la noblesse portugaise.

Elle néglige presqu'entièrement les beaux arts, qui sont pour les classes riches et instruites des autres nations de l'Europe la source des plaisirs les plus délicats. Elle ne paraît pas faire plus de cas de la culture des sciences, quoique la nature l'ait favorisée des plus heureuses dispositions. Concentrée dans ses plaisirs domestiques, elle coule des jours uniformes, rarement marqués par de grandes vertus ou de grands vices. Elle est fort jalouse, avec raison,

de la gloire de ses ancêtres, pour lesquels elle conserve la plus grande vé-
nération ; mais, tandis qu'elle s'enor-
gueillit de leurs actions immortelles,
elle paraît oublier leurs maximes. Il
faut convenir cependant que la noblesse
portugaise possède beaucoup d'excellentes qualités. Elle a des mœurs pures;
elle est sobre , généreuse , fidelle à
l'amitié, charitable envers les malheureux , et tendrement attachée à son
pays, à ses enfans, dont le bonheur
sert à composer le sien.

Quant au clergé, il m'a été fourni
trop peu de renseignemens à son sujet,
et mes propres observations ont été trop
superficielles pour que je puisse en tracer au juste le caractère. Parmi les
membres que j'ai eu l'honneur de connaître , j'en ai remarqué plusieurs de
beaucoup de vertus et de talens. Je
n'ai besoin de citer, à l'appui de ce
que j'avance , que l'évêque de *Béja* ,
dont la piété et la science auraient fait

honneur aux premiers siècles de l'église.
Je pourrais nommer encore l'abbé Cor-
rêa, chapelain du duc d'Alafoens, et
le père de Sousa, auteur de plusieurs
ouvrages sur la langue arabe.

Le clergé portugais possède plusieurs
autres personnages d'un mérite éminent;
mais ils vivent retirés au fond des cloîtres ; et ce qu'il y a de singulier, c'est
que plus ils ont de talens, plus ils
fuient le monde. On demandera alors
pourquoi ils privent le public des fruits
de leur retraite. La raison en est simple.
La langue portugaise est si faiblement
répandue en Europe, qu'il ne s'exporte
que très-peu ou point de livres du pays,
où d'ailleurs la lecture est loin d'être
une occupation générale. Les frais de
papier et d'impression ne pourraient
même être couverts par la vente des
ouvrages, sur-tout s'ils traitaient de
matières scientifiques. Leurs auteurs se
voient donc par-là privés de se faire

connaître, et le public l'est à son tour de leur savoir et de leur expérience.

Il est vrai que, dans toutes les professions savantes, il se trouve des hommes qui eussent été plus propres à servir utilement leur pays en embrassant un autre état. Le clergé portugais en est un exemple. Beaucoup de ses membres semblent avoir manqué leur vocation qui les appelait plutôt à conduire la charrue qu'à dire la messe.

Les commerçans portugais sont remarquables par leur industrie et leur activité ; et d'après ce que j'en ai entendu dire, ils sont honnêtes et exacts dans leurs transactions. Ils vivent amicalement avec les négocians étrangers qui résident à Lisbonne, et sur-tout avec les Anglais. Les banqueroutes sont très-rares parmi eux, et ils évitent soigneusement les procès ; car il est notoirement avéré que messieurs de robe longue en Portugal ne le cèdent pas même à

messieurs

messieurs leurs confrères de la chancellerie anglaise, dans l'art de disséquer un plaideur.

Le marchand de Lisbonne emploie son temps comme il suit : il va à la messe à huit heures, à la bourse à onze, dîne à une heure, fait la sieste jusqu'à trois, collationne à quatre avec du fruit, et soupe à neuf. Les intervalles sont remplis par le travail du cabinet, les visites ou le jeu.

Lorsque l'on visite une personne d'un rang au-dessus de celui de commerçant, l'usage exige qu'on porte une épée et un chapeau. Si l'on vient vous voir en habit de deuil, vous devez rendre la visite dans le même costume. Les domestiques ne font attention qu'à ceux qui se présentent en voiture chez leurs maîtres. Y venir en bottes serait une offense impardonnable, à moins qu'elles ne soient armées d'éperons. Le maître de la maison vous précède lorsque vous sortez ; il vous suit lorsque vous entrez.

Tome II.   H

Le peuple de Lisbonne et de ses environs forme une classe d'hommes labo-
rieux et braves. La plupart se ménagent
par leurs économies des ressources pour
l'âge avancé. Il est affligeant de voir
les peines qu'ils se donnent pour sup-
pléer au manque d'instrumens propres
à accélérer la confection de leurs travaux. Leurs charrettes ont la grossière
apparence des voitures des premiers siècles ; elles sont tirées lentement par
deux bœufs à peine domptés. Ces mêmes
animaux leur servent à battre le bled
en le foulant sous leurs pieds comme
du temps des Israélites ; de-là probablement ce proverbe de l'écriture : « Tu
» n'emmuseleras point le bœuf qui a
» servi à fouler ton grain». Ils ont beaucoup d'autres usages qui doivent nous
paraître très-singuliers. Par exemple,
les femmes se placent à cheval, le côté
gauche tourné vers la tête de l'animal;
les postillons montent à droite. Les
domestiques jouent aux cartes en atten-

dant leurs maîtres. Un tailleur se place à son ouvrage comme un cordonnier. Un perruquier se montre les dimanches avec une épée, une cocarde et deux montres, ou du moins deux chaînes de montres. Un cabaret s'annonce par une branche de vigne, une maison à louer par du papier blanc, la porte d'une accoucheuse par une croix blanche, et un juif par sa dévotion outrée.

Les classes inférieures des deux sexes aiment passionnément la parure. J'ai vu des marchandes de poisson portant des colliers et des bracelets d'or autour de leur cou et de leurs bras. Celles qui vendent du fruit se font remarquer par un habillement particulier. La *figure A* de la *planche VIII* de cet ouvrage représente une de ces femmes, avec l'âne qui porte son fruit au marché. Ces fruitières font usage de bottes et de capotes blanches taillées en forme de cône. La *figure B* de la même planche représente une autre femme de *Beira* dans le costume particulier aux femmes de cette province. La *figure C* est l'esquisse d'une paysanne de la province d'*Alenteju.*

Tous les travaux qui demandent de la force se font par des Galiciens qu'on peut appeler les porte-faix et les forts de la halle de Lisbonne. Ils sont patiens, industrieux et fidèles. Une de leurs principales occupations journalières, est d'approvisionner les habitans d'eau qu'ils extraient de différentes fontaines, et dont ils remplissent de petits vaisseaux de bois qu'ils portent sur leurs épaules.

Il est enjoint par la police à chacun de ces Galiciens de tenir, toutes les nuits, dans leurs logemens un de ces barrils pleins d'eau, et d'accourir avec au premier signal de feu. La moindre négligence de leur part à ce sujet est punie très-sévèrement, comme ils sont assurés d'une récompense en raison de leur exactitude. Mais ces malheureux sont rarement réveillés par les sons funèbres du tocsin ; et pendant tout le temps de mon séjour à Lisbonne, il n'y est pas survenu un incendie.

Les marchands étrangers se servent uniquement des Galiciens, et beaucoup de Portugais les préfèrent à cause de leur intelligence. Ils font la cuisine, les lits, et balaient les appartemens. Les servantes au-dessous de trente-cinq ans n'ont de communication qu'avec la maîtresse de la maison et ses filles. Passé cet âge, elles sont visibles pour tout le monde, la disparition de leurs charmes les faisant supposer à l'abri de toute galanterie.

Les dames prennent rarement le grand air, si ce n'est dans leur court trajet de chez elles à l'église voisine, qu'elles visitent régulièrement au moins une fois par jour. Les figures contenues dans la *planche IX* sont celles d'un marchand, de sa femme et de sa servante allant à l'église. Elles donnent une juste idée de leur costume respectif. L'ordre

H 3

de leur marche a été parfaitement observé , c'est-à-dire , qu'elles procèdent
l'une après l'autre ; ainsi, en nous abs-
tenant de les groupper, nous avons cru
devoir , pour être exacts , sacrifier les
règles à la vérité.

Les femmes portugaises sont douées
en général d'excellentes qualités : elles
sont chastes, modestes, et extrêmement
attachées à leurs maris. Nulle d'elles
ne se permettrait de sortir sans la permission de son époux ou de sa famille.
Afin d'écarter d'elles jusqu'à l'ombre du
soupçon, il est interdit aux hommes,
même à leurs parens, d'entrer dans leurs
appartemens , ou de s'asseoir auprès
d'elles dans les promenades publiques.
Ainsi leurs amans ont rarement le plaisir de jouir de leur vue, si ce n'est à
l'église, théâtre unique de leurs soupirs
et de leurs signes amoureux :

Là, des secrets du cœur l'œil est le messager,
On se transmet par lui le serment de s'aimer.
Traduit d'Hudibras.

Malgré toute la vigilance des duègnes, les amans parviennent à échanger entr'eux des billets doux, et cela si adroitement qu'il est impossible de s'en appercevoir, à moins que d'être amoureux soi-même. Les enfans qui servent la messe sont souvent les porteurs de ces messages galans. Lorsqu'un de ces petits Mercures est chargé d'une missive, il s'insinue parmi les assistans. Arrivé jusqu'à la belle, il se met à genoux, répétant son *ave maris stella*, et se frappant la poitrine. Après avoir fini sa prière et fait le signe de la croix, il se prosterne dans toute sa longueur, et pendant qu'il baise avec ferveur la terre, il glisse la lettre sous la robe de la dame et en prend une autre.

Quelquefois, en sortant de l'église, les mains des amans se rencontrent comme par hasard dans le même bénitier, s'unissent, se serrent avec une joie secrète, et se communiquent des blilets doux.

Il n'est pas de ruses que les amans portugais n'imaginent pour éluder la défense et se garantir en même temps du soupçon, et jamais ils n'ont plus de prudence que pendant qu'ils font l'amour. La réserve naturelle aux Portugais leur permet de filer des années entières une passion bien tendre sans qu'on s'en doute, et ils finiraient par y succomber, si leur amour n'était pas de l'espèce de ce sentiment vertueux et pur que *Guevara* décrit ainsi :

PORTUGAIS.

Arde y no quema ; alumba y no damna ; quema y non consuma , resplende y no lastima , purifica y no abrasa ; y ana calicuta y non congoxa.

TRADUCTION.

Il embrâse , mais il est doux ; il lance des étincelles , et ne blesse pas ; il brûle, sans consumer ; il n'éblouit point, quoiqu'il brille ; il purifie tout , et ne détruit rien ; et quelqu'ardent qu'il soit , on l'endure sans peine.

Les mariages entraînent les plus grandes dépenses, et les classes les moins riches du peuple s'y ruinent souvent. Le lit nuptial est paré de la manière la plus somptueuse. Il est garni d'étoffes d'or, d'argent et de soie, ainsi que jonché de fleurs. Les draps même sont bordés des dentelles les plus fines.

Ce luxe a lieu aussi pour les baptêmes et les enterremens; mais, à d'autres égards, les Portugais sont économes et sobres, sur-tout les femmes, qui en général ne boivent que de l'eau. Il suffit que quelques-unes fassent usage de vin pour qu'on soupçonne leur chasteté, et souvent même pour qu'on n'y croie plus. L'impératrice dona Léonore, fille d'Édouard, roi de Portugal, ayant voulu amener les dames allemandes à ne boire aussi que de l'eau, ni son exemple, ni ses exhortations, ne purent leur faire échanger le lait de Vénus pour l'eau limpide d'une fontaine.

Les suites de ce régime diététique de

la part des femmes du Portugal, influent singulièrement sur leur complexion, qui est pâle et inanimée. On remarque cependant que celles qui font habituellement de l'exercice ont une belle carnation. Les yeux des Portugaises sont noirs et expressifs ; leurs dents extrêmement blanches et régulières. Il règne dans leur conversation beaucoup d'agrémens, et dans leurs manières beaucoup d'affabilité et de naturel. Il n'y a peut-être pas d'exemple que la forme de leur habillement ait varié une fois dans un siècle. Coëffeurs, parfumeurs, marchandes de modes, sont des professions aussi inconnues à Lisbonne que dans l'ancienne Lacédémone.

Les veuves ont la faculté de se remarier ; mais elles n'en abusent pas comme dans les autres pays. Parmi les Portugais qui ont conservé les préjugés du bon vieux temps, il en est beaucoup même qui pensent que ces secondes noces sont autant d'adultères sanctionnés par la loi.

Les femmes ne prennent point, comme les nôtres, les noms de leurs maris ; elles conservent toujours celui qu'elles portaient étant filles.

Les hommes sont en général désignés par leurs noms de baptême, tels que *senhor Pedro*, *M. Pierre*. Rien de plus commun aussi que de leur donner des surnoms qui tirent leur origine, soit de leur profession, de quelqu'évènement remarquable, du lieu de leur naissance, de celui de leur domicile, soit enfin de quelque qualité ou de quelque défaut personnel.

Souvent les Portugais traduisent en leur langue les noms des étrangers, surtout lorsqu'ils peuvent faire allusion à quelques substances ou qualités. Par exemple, ils appellent M. *Wolf*, *senhor Lobo* ou *M. Loup* ; M. *Whitehead*, *senhor Cabeça Branca* ou *M. Tête-blanche*. Souvent ils ajoutent à leurs noms de baptême ceux de leur père et de leur mère pour se distinguer entr'eux. Les anciens Irlandais avaient aussi cette habitude, que l'on retrouve encore aujourd'hui dans les provinces méridionales d'Irlande. .

La classe mitoyenne diffère beaucoup pour les manières et les usages de celle des autres peuples de l'Europe. Peu accoutumée à voyager, si ce n'est dans ses propres colonies, elle est absolument étrangère au ton du jour; ce qui fait qu'elle conserve la simplicité des mœurs anciennes, et qu'elle est plus au courant de ce qui se passe en Asie et en Amérique qu'en Europe.

Soit paresse, soit défaut de curiosité, les Portugais semblent avoir aversion de voyager, même dans l'intérieur de leur propre pays. Un Portugais préférerait de conduire un vaisseau au Brésil, que de diriger son cheval de Lisbonne à Oporto.

Ce peuple, si différent des nations voisines, est naturellement ennemi de tout principe qui tendrait à troubler sa tranquillité et ses opinions reçues. Il repousse également une découverte dangereuse comme une découverte utile, un objet de luxe comme un objet de commodité.

Ainsi ses besoins, comparativement parlant, sont en petit nombre et aisés à satisfaire. Son apathie le préserve de beaucoup de passions auxquelles les autres peuples sont sujets. Rarement se met-il en colère; mais quand une fois il y est, rien de plus difficile que de l'appaiser; et c'est assez l'effet ordinaire de toutes les passions. Plus elles sont difficiles à remuer, plus leur explosion est terrible. Aussi le sentiment de la vengeance a-t-il produit quelquefois parmi les Portugais des actes de la plus grande violence; mais, grace à la vigilance des magistrats et au progrès de la civilisation, ils deviennent de jour en jour plus rares.

La sobriété de ce peuple, l'exemption dont il jouit de travaux pénibles, la bonté de son climat, l'air parfumé qu'il respire, ses eaux abondantes et belles, toutes ces circonstances qui déterminent la bonne constitution de l'individu humain devraient naturellement prolonger l'existence des Portugais ; mais il est rare qu'ils arrivent à un âge très-avancé. Nous ajouterons cependant qu'à proportion gardée, il meurt moins de monde naturellement en Portugal avant soixante ans que dans aucune autre partie de l'Europe. Il est bien rare aussi de voir des Portugais, quelqu'âgés qu'ils soient, perclus de goutte ou couverts d'infirmités.

Les plus belles personnes des deux sexes se trouvent dans la province d'Estramadure. La petite vérole, ce fléau destructeur de la beauté, n'exerce pas en Portugal les mêmes ravages que dans les climats froids. Mais les habitans négligent trop un moyen qui, dans un pays comme le leur, contribuerait efficacement à donner au système nerveux la plus grande intensité; je veux parler des bains. Ils ne font pas non plus assez d'exercice pour l'entretien de leur santé.

La classe laborieuse du peuple est remplie d'excellentes qualités. Elle est religieuse, honnête et sobre, et très-attachée à ses enfans, ainsi qu'à son pays. Il y a cependant une différence à faire entre les mœurs des habitans des ports de mer et ceux des villes de l'intérieur; les premiers se sont conservés moins purs par leur communication habituelle avec des aventuriers de tous les pays. Ainsi, les étrangers n'altèrent que trop souvent la moralité naturelle d'un peuple. Ce n'est donc que dans l'intérieur du pays, loin de toute influence exotique, qu'on trouve le Portugais dans son véritable caractère national, c'est-à-dire, bon, prévenant, honnête, affable et simple. Un paysan ne se promène jamais avec une personne plus âgée que lui, ou un étranger, sans lui donner le bras, comme une marque d'égards et de déférence. Qui que ce soit qu'il rencontre, il lui ôte son chapeau, et le salue en prononçant ces mots : « Dieu vous conserve long-temps »! En parlant d'un ami absent, il dit avec sensibilité : *Morro com saudades de o ver :* « Je meurs d'impa- » tience de le voir ». Le matin, lorsqu'il rejoint ses compagnons à l'ouvrage, il les salue avec affection, et s'informe soigneusement des nouvelles de leurs petites familles. Sa journée se compte du lever du soleil à son coucher ; il lui est accordé dans l'intervalle une demi-heure pour déjeûner, et deux heures pour dîner afin de pouvoir se reposer pendant la plus grande chaleur du jour. S'il est vigneron, on lui alloue une portion de vin. Quand sa journée est finie, il chante vêpres : le dimanche il s'amuse à jouer de la guittare, ou il court à un fandango, dont la *pl. X* offre une représentation.

Ses

Ses enfans mâles sont élevés dans le couvent voisin, qui pourvoit aussi à sa subsistance et à celle de sa famille, lorsqu'il se trouve dans l'indigence ou incapable de travailler. A ses yeux, son pays est la vraie terre promise, et Lisbonne, la première ville de l'univers. Suivant un des proverbes favoris de ces bons paysans : « Qui n'a pas vu Lis- » bonne n'a rien vu ». En général ils appliquent des proverbes à tout, et ces proverbes, fruits de l'expérience, sont presque tous vrais; nous en excepterons cependant celui que nous venons de citer. Tout pays qui ne produit pas, comme le leur, du bled, du vin et de l'huile, est suivant eux un pauvre pays. Ils plaignent beaucoup la misère des paysans du nord condamnés à trembler de froid au milieu de la neige et du verglas qui couvrent leurs champs, tandis qu'ils ont chaud dans les leurs. Cet avantage et l'affection qu'ils ont pour leur gouvernement les attachent singulièrement à leur pays. Ils font consister une grande partie de leur bonheur dans la beauté du climat dont la nature les a favorisés, ainsi que dans l'abondance des fruits délicieux qu'ils recueillent sans beaucoup de travail. Éprouvent-ils quelques peines, ils sont assurés de trouver des consolations dans la religion. La musique leur en offre aussi de non moins puissantes. Elle dissipe le désespoir du pauvre, elle épure les sentimens du riche, et embellit pour eux la vie. En vain dirait-on à un Portugais qu'on peut être heureux dans quelqu'autre partie du globe. Il lui est impossible de le croire, tant il est persuadé du contraire; et si le hasard ou ses affaires le conduisent en pays étranger, il se figure habiter une prison.

Peu de temps avant mon départ de Lisbonne, je dînai avec un chevalier de Malte à une table d'hôte dans le voisinage du couvent des cordeliers. Ses grandes connaissances et ses manières

prévenantes m'engagèrent à lui demander ce qu'il pensait des Portugais. Voici
à-peu-près mot pour mot ce qu'il me
répondit :

« Monsieur, il n'y a point de peuple
en Europe dont le vrai caractère soit
moins connu que celui des Portugais ;
car leur langue étant en général très-
peu répandue, nous ne les connaissons
en général que par les écrivains espagnols, et tout le monde sait que ceux-
ci sont rarement bien disposés pour eux.
Les Portugais au contraire, quelque mal
qu'ils puissent penser de leurs voisins,
se font un devoir de charité chrétienne
de n'en parler qu'en bien. Nous en
avons un exemple frappant dans *Joseph
Texera*, moine portugais de l'ordre de
Saint-Dominique. Ce moine vivait dans
le seizième siècle, et était confesseur
de don Antoine, héritier présomptif de
la couronne de Portugal, qu'il accompagna en France. Prêchant un jour dans
ce pays, il posa en principe : Que nous

étions obligés d'aimer tous les hommes, quelque fût leur croyance ou le gouvernement qui les vît naître, fussent-ils même Espagnols.

» Il est donc probable, d'après l'inimitié que la politique a introduite depuis bien des siècles entre les habitans de ces deux contrées voisines, qu'on ne saurait ajouter une foi implicite à ce que les Espagnols nous apprennent des Portugais. D'un autre côté, si nous nous en rapportons aux historiens de ces derniers , non-seulement ils possèdent toutes les meilleures qualités, mais ils sont même exempts de mauvaises. Je compare ces écrivains à un peintre qui s'imaginerait rendre son tableau plus intéressant en le privant d'ombres.

» D'après les meilleurs renseignemens que j'aie pu me procurer, il paraît que les Portugais formaient anciennement un peuple brave, actif et généreux ; et que, tandis que les autres nations de l'Europe étaient encore plongées dans la torpeur et l'ignorance, ils travaillaient à propager la religion chrétienne, à convertir les infidèles, et à nous faire connaître de nouvelles régions.

» La nécessité, mère de l'industrie, fut la cause de toutes ces grandes entreprises de leur part. Assaillis d'un côté par un voisin puissant et infatigable, de l'autre par les Maures qui avaient long-temps infesté leur pays, ils étaient dans l'obligation de faire les plus grands efforts pour déjouer les trames de leurs ennemis, repousser leurs attaques, et conserver leur propre indépendance. Ils réussirent à la fin à dissiper les Maures, et à humilier l'orgueil des Castillans.

» Sous le règne de Jean premier, quand ils se trouvèrent délivrés de tout ennemi, soit intérieur, soit extérieur, leurs troupes qui s'étaient aguerris à la fatigue, et leurs capitaines, qu'animait l'amour de la gloire, furent envoyés en

Afrique à la poursuite des Barbares. Leurs guerres dans cette partie du monde, quoique sans utilité, ou plutôt ruineuses en quelque sorte pour l'État, produisirent cependant, en dernière analyse, des effets très - heureux pour les peuples de l'Europe, en répandant parmi eux cet esprit d'entreprise qui donna lieu, par la suite, à toutes les découvertes de la navigation moderne.

»Les soldats portugais étaient braves, entreprenans. Exercés aux fatigues de la guerre, ils supportaient avec la plus grande résignation les intempéries d'un climat brûlant, ainsi que la faim et la soif. Sur le champ de bataille, leur courage tenait de la témérité; rien ne pouvait arrêter leur impétuosité naturelle, pas même la voix de leurs chefs. Impatiens de signaler leur valeur, ils rompaient le plus souvent leurs rangs; et cet excès de courage, en dérangeant l'ordre de bataille, fut quelquefois cause

de leur défaite; mais, quand ils se tenaient en phalange bien serrée, ils
étaient invincibles.

» Les richesses de l'Asie, le relâche-
ment de la discipline, ainsi que l'ignorance et la cupidité des gouverneurs de
l'Inde , altérèrent insensiblement les
mœurs des soldats, et finirent par faire
disparaître entièrement leur caractère
primitif.

» Chaque partie du gouvernement
penchait vers sa ruine , quand le roi
Sébastien monta sur le trône. Le peuple
concentra dans ce prince sa dernière
espérance. Les preuves de vertus et de
courage qu'il avait données de bonne
heure semblaient promettre qu'elle ne
serait pas trompée. Mais, si Sébastien
avait hérité de la valeur de ses ancêtres,
le temps prouva qu'ils ne lui avaient
légué qu'une faible portion de leur prudence. Jamais prince amoureux de la
gloire ne prît une route plus opposée
pour y parvenir. Le bonheur du peuple,

cette source unique de la véritable gloire pour un monarque, céda chez lui à celle des armes, et il crut devoir aller la moissonner dans les plaines d'Afrique ; mais lui et la plus grande partie de son armée, loin d'y recueillir des lauriers, n'y trouvèrent qu'un tombeau.

» La mort prématurée de Sébastien eût occasionné moins de regrets, s'il n'avait pas laissé pour successeur à un trône prêt à s'écrouler un prince sans énergie, et incapable de guérir les plaies profondes de l'État. La Providence sans doute, qui prévoyait la dissolution future de ce royaume, lui envoya un cardinal-roi pour lui donner sa bénédiction. Ainsi nous voyons par-là que les empires, comme les individus, ont leur enfance, leur maturité et leur déclin ; et il est à remarquer que celui-ci, qui avait commencé avec un Henri, expira avec un autre Henri. Le premier était un héros et un homme d'État ; le dernier, loin de posséder ces qualités,

n'avait pas même la sagesse qui les rem-
place.

» Philippe second joignit la couronne
du Portugal à celle d'Espagne. Un point
invariable de la politique de ce prince
et de celle de ses successeurs avait été
d'asservir le Portugal en l'appauvris-
sant, entreprise à laquelle chaque jour
ajoutait de nouveaux succès ; lorsqu'à
la fin, indignés d'un joug étranger, les
Portugais se levèrent en masse et bri-
sèrent leurs fers. Depuis ce moment, le
royaume, gouverné par des Souverains
légitimes et nés dans le pays, s'ache-
mine graduellement vers sa prospérité.

» Il est évident néanmoins que ses
progrès ne sont pas en raison de ses
vastes moyens, et que l'ancien esprit
militaire du peuple en est encore banni.
Quelques étincelles de ce courage y
brillent, il est vrai, par intervalles ;
mais le mépris attaché à la profession
des armes, suffit pour achever de l'é-
teindre. En effet, depuis plusieurs an-

nées, on n'emploie dans les régimens d'infanterie que des officiers sans talens, sans éducation, et dont l'ignorance n'a fait que multiplier les abus et relâcher la discipline. Ces abus sont arrivés au point de nommer pour officiers les domestiques attachés aux grandes maisons. Lorsque le comte de Lippe fut promu commandant en chef des forces du Portugal, il ne négligea rien pour rétablir la dignité militaire. Se trouvant un jour à dîner chez un gentilhomme portugais qui était colonel dans l'armée, il remarqua qu'un des domestiques portait un uniforme d'officier. Instruit bientôt qu'il était capitaine dans un régiment d'infanterie, le comte de Lippe se leva très-poliment, et insista pour que l'officier servant prît place à table à côté de lui.

» Il a toujours été de la politique des plus sages généraux d'élever les sentimens de ceux qu'ils commandent; car la fierté sied à un soldat comme l'hu-

milité à un prêtre : mais l'esprit de
servitude et l'esprit militaire sont deux
choses incompatibles. C'était aussi le
principe du comte de Lippe ; et il atta-
chait un si grand prix à l'honneur de
sa profession , qu'il déclara plus d'une
fois publiquement que tout officier qui
refusait de demander ou de donner satisfaction d'une offense était déshonoré
à ses yeux.

» Depuis le règne de Jean premier,
il s'est opéré un grand changement en
mieux, non – seulement dans l'armée ,
mais dans presque tous les autres dé-
partemens de l'État. Lorsque ce prince
monta sur le trône , l'agriculture et les
manufactures étaient tellement négli-
gées, que le peuple dépendait entièrement des autres nations pour subsister
et se vêtir. Les Anglais par le traité de
Méthuen s'engagèrent à approvisionner
le Portugal de draps et d'étoffes de laine
en échange des vins de ce pays. Excités

par cet encouragement donné à la culture de la vigne, branche d'économie rurale qu'une longue expérience avait rendu familière aux Portugais, les fermiers convertirent aussi-tôt leurs champs en vignobles. Ainsi le nombre des épis de bled diminua à proportion que celui des grappes de vigne augmenta.

» Telle était la situation du Portugal, quand le roi Joseph éleva à la place de premier ministre *M. Carvalho*, devenu par la suite marquis de Pombal. L'administration de ce grand homme d'État forme une époque dans les annales du Portugal. Il parvint à fixer l'attention du peuple sur ses véritables intérêts, et obligea les propriétaires fonciers à semer un tiers de leur terre en bled et en d'autres espèces de grains. Cette sage contrainte qui fut suivie des effets les plus salutaires, est regardée encore aujourd'hui comme un des actes les plus bienfaisans de son ministère.

» Comme le résultat naturel de l'agriculture est la population, il prépara des moyens d'existence à la génération naissante, en établissant des manufactures de différentes espèces. L'industrie ainsi excitée et encouragée, le Portugal commença à prendre une nouvelle face. Le commerce national remplaça celui de l'étranger, et le fermier et sa famille ne vécurent plus que du produit de leurs champs.

» Ce succès, en couronnant les efforts du marquis de Pombal, l'engagea à en obtenir de nouveaux. Il chercha à introduire le même esprit d'industrie parmi les colons, négligés depuis long-temps par leur mère-patrie. Mais trop convaincu qu'il ne devait espérer ni activité, ni émulation d'un peuple asservi, il publia un édit qui rendait la liberté aux naturels du Brésil et des autres colonies appartenant à la Couronne, et les appelait à partager les

droits des habitans du Portugal. Cet
acte de justice et d'humanité expie suffisamment les torts politiques imputés
à ce ministre, et fait un honneur éternel
à son pays, qui le premier, parmi les
nations actuelles de l'Europe, enchaîna
des hommes, et qui le premier aussi
brisa leurs fers. Ce fut lui pareillement
qui fraya des routes nouvelles à la navigation et au commerce de l'Europe ;
car il est probable que, si le prince
Henri n'eût pas existé, nous n'aurions
jamais entendu parler de Christophe
Colomb. « C'est aux découvertes des
» Portugais dans l'ancien monde, dit
» Voltaire, que nous sommes redevables
» de la connaissance du nouveau ». En
effet, ils ont les premiers exploré les
côtes d'Afrique, suggéré l'idée d'un hémisphère occidental, et découvert une
route pour aller dans l'Inde. Il n'est
donc pas étonnant qu'un peuple qui a
donné de si bonne heure des preuves

de la plus grande industrie, et épuisé toute sa vigueur lorsque ses voisins sortaient à peine de leur sommeil, ait pris un peu de repos. Il vient de rentrer dans la lice, et c'est au temps à décider s'il méritera encore bien de l'humanité ».

Je joins ici des observations sur la température de l'air, qui m'ont été communiquées par mon ami le révérend Herbert Hill, chapelain de la factorerie anglaise à Lisbonne.

Extraits des observations météorologiques faites à Lisbonne dans les années 1783, 1784 et 1785.

	1783.	1784.	1785.	
Beautemps—jours	171	157	155	La totalité des jours de beau temps est estimée de 200.
Temps couvert et humide........	$106\frac{1}{8}$	132	127	
Grande pluie....	88	67	83	

Quantité de pluie marquée par lignes — 12 pour un pouce français.

janv. fév. mars. avr. mai. juin. juill. août.
1783...52½ 25 46½ 8½ 21 12½ 0 1
sept. oct. nov. déc.
4 37½ 42½ 79

janv. fév. mars. avr. mai. juin. juill. août.
1784... 32 44 91 41 8 0 0 0
sept. oct. nov. déc.
6 45 3o 106

janv. fév. mars. avr. mai. juin. juill. août.
1785... 61 45 46 35 27 0¼ 0¾ 15
sept. oct. nov. déc.
34 27 21 76

1783. moyen terme. 27 ½) *polegadas* ou pouces
1784..............33 ½ } —33 pouces répon-
1785..............32 ¼) dent à 23 polegadas.

État du thermomètre. La chaleur moyenne supposée être de 63°.

1783....Moyen terme pour l'année, environ 56.

janv. fév. mars. avr. mai. juin. juill. août.
1784... 54 55 57 57 67 70 73 73
sept. oct. nov. déc.
71 6o 54 51

Le milieu est donc de 62, quoique le thermomètre marquât le 15 juin 97° ; le 16 juillet, 99 ; le 13 août pendant deux heures, 106 ; le lendemain, 103 ; et le 4 décembre, 3o.
1785.

1785. Le terme moyen de la chaleur fut de 62 ¼ ; le thermomètre ne s'éleva jamais plus haut que 94. Voici la chaleur moyenne de chaque mois, exprimée en décimales.

janv.	févr.	mars.	avril.	mai.	juin.	juillet.	août.
539	522	562	620	655	710	745	704

sept.	oct.	nov.	déc.
696	639	545	522.

Etat du baromètre , la hauteur moyenne fixée à 28 polegadas 2 lignes , pour les endroits élevés au-dessus du niveau de la mer ; la ligne répondant à 73 pieds.

1783.28 2 ½. 4 fév. 16 et 19 déc. 27 5. 2 nov.

1784.28 7 .21 avril .... 27 5.27 déc.

1785.28 6 . 9 janvier .... 27 6.17 fév.

La variation de l'aiguille fut observée dans les derniers jours de l'année 1785 être d'environ 23°, ou quelque chose de plus.

De 1789 être d'environ 23° ½.

1777. Fut extrêmement humide.

1779 et 1782. La quantité de pluie fut seulement de 20 polegadas.

1783. Il plut 240 fois en 124 jours, mesuré dans le temps.

Il plut 572 heures ou 24 jours.

1784.........384 fois ou 23 jours.

1785.........232 fois ou 19 jours.

Tome II. K

1782. Février 19, il tomba de la neige.
1783. Février 18 et mars 12, il tomba de la
    grêle.

Observations sur l'année 1781.

	jours.		pol.	lig.
Temps beau.	200.	quantité de pluie.	23	7
Couvert.	88.	déc. 6 à déc. 27.	9½	
Pluvieux.	77.	18 seulement...		18

Thermomètre. 11 juillet 99°⎱haut. moyenne
            10 janvier 34 ⎰de l'année 63°.

                    pol. lig.
Baromètre. 9 décembre 27 5⎱
          29......... 28 8⎰.........28 2

Nombre des mariages, naissances et morts enregistrés à Lisbonne pendant les années 1788 et 1789.

	année 1788.	année 1789.
Mariages	1560	1598
Naissances	7041	6561
(1) Morts	5154	5386

(1) Les moines, les religieuses et leurs desservans ne sont point compris dans l'état des morts.

Des Juifs Portugais.

Le feu lord Tarawley paraissait avoir conçu une bien singulière opinion des Portugais, quand il assurait que leur pays n'était composé que de juifs ou de sébastiens. Les uns, disaient-ils, attendent le Messie; les autres, le roi Sébastien. Je laisse à mes lecteurs à décider lesquels sont les plus fondés à espérer; mais je dois observer, n'en déplaise à la mémoire du feu lord, qu'il existe en Portugal un troisième parti, duquel est presque tout le monde, qui, après les mille ans révolus, n'espère plus rien. Il se pouvait que, du temps du lord Tarawley, il y eût quelques Portugais qui attendissent encore le Messie; mais il y a apparence qu'ils reconnaissent aujourd'hui qu'il est venu, puisqu'ils n'en parlent plus.

Les juifs portugais ont fourni des hommes d'un grand talent. La célèbre

édition de la Bible , publiée à Ferrare
en 1553, est l'ouvrage d'un juif portugais.

Le texte hébreu est rendu mot pour
mot dans cette traduction, en un espagnol corrompu , usité alors dans les synagogues juives. Tout ce qui s'y trouve
d'étranger à l'original est distingué par
des astériques. Cette version fut réim-
primée en Hollande en 1730 avec de
très-beaux caractères ; mais on changea
beaucoup d'expressions pour la rendre
plus intelligible , et on omit plusieurs
astériques. La première édition est de-
venue très-rare.

L'établissement des synagogues juives
et de leurs rabbins en Portugal date du
règne de Jean premier. Jean second et
Emmanuël les tolérèrent dans les com-
mencemens de leurs règnes. Le juif
Duarte Nonnez qui avait été banni
dans le seizième siècle du Portugal où
il était né, fut nommé, sur la réputation de sa grande habileté, conseiller

privé du roi d'Espagne, quoique les juifs n'y fussent plus soufferts.

Les motifs de leur expulsion du Portugal, dont je vais tracer l'historique, sont principalement extraits d'*Osorio*, évêque de Silva, dont la relation passe pour être la plus exacte et la plus étendue. L'auteur, historien impartial et distingué, ainsi que philosophe chrétien, avait été à portée de prendre les meilleures informations.

Leurs majestés castillanes, Ferdinand et Isabelle, ayant conçu des préventions défavorables à ce peuple, que l'on accusait de beaucoup d'impiétés envers la religion chrétienne, les bannirent de leurs États en 1482. Ces juifs se dispersèrent; mais la plupart se retirèrent en Portugal. Jean second consentit à les y recevoir; mais à condition que chacun d'eux lui paierait huit ducats, et sortirait du royaume dans un temps limité, passé lequel il les traiterait comme esclaves. Il promit de leur fournir à l'expiration du terme convenu des vaisseaux pour les conduire où bon leur semblerait, libre à eux de quitter le royaume dans l'intervalle.

Tant que la santé du roi Jean lui permit d'administrer en personne les affaires de l'État, il fut exact à remplir sa promesse. Il ordonna en conséquence d'équiper des bâtimens pour transporter les juifs dans tels lieux qu'il leur plairait, et défendit expressément de les inquiéter en rien. Ses volontés, quoiqu'il en soit, ne furent pas suivies; car les capitaines et les équipages les maltraitaient de la manière la plus barbare ou les retenaient en mer par des croisières affectées, qui insensiblement épuisèrent les provisions de ces malheureux, obligés alors de donner jusqu'à leur chemise pour obtenir des vivres de leurs capitaines. Leurs femmes, leurs filles ne purent même échapper à la brutalité de ces monstres.

Ceux des juifs qui étaient restés en

Portugal, soit par la crainte de se voir exposés à l'avidité et à la férocité de leurs conducteurs, soit faute d'assez d'argent pour se procurer les choses nécessaires au voyage, continuèrent de demeurer dans le royaume jusqu'à l'époque prescrite, où ils perdirent leur liberté ; quiconque desirait avoir un juif pour esclave s'adressait au roi, qui en général n'en délivrait qu'à ceux dont l'humanité et la douceur lui faisaient espérer quelqu'adoucissement dans le sort de ces infortunés. Cette captivité des juifs arriva peu de temps avant la mort du roi. D'après l'opinion générale, et sur-tout d'après celle des personnes qui vivaient dans l'intimité de ce prince, il y a toute apparence que, s'il eût vécu un peu plus long-temps, il aurait rendu la liberté aux juifs, à des conditions faciles.

Telle était la situation des juifs quand Emmanuël monta sur le trône. Ce prince

K 4

convaincu que la nécessité seule , et
non leur propre choix, les avait retenus
en Portugal après le temps fixé, rompit
généreusement leurs fers. Les juifs, pé-
nétrés de reconnaissance de cet acte de
justice et d'humanité, lui offrirent une
forte somme d'argent qu'il refusa ; toute
son ambition se bornant à gagner leur
affeetion par ses bons traitemens, et à
les amener insensiblement à embrasser
la foi chrétienne.

La tranquillité dont jouirent ces pauvres juifs ne fut pas de longue durée.
Les plaintes que le préjugé et la mal-
veillance élevèrent contr'eux dans tout
le royaume contraignirent le roi à revoir leur affaire. Son conseil fut divisé
d'opinion sur la question de savoir si
les juifs qui, après avoir été renvoyés
d'Espagne, s'étaient fixés en Portugal,
devaient être bannis ou maintenus.
Dans le même temps, le roi et la reine
de Castille écrivirent à Emmanuël pour

le supplier de chasser du Portugal des hommes aussi abhorrés, disaient-ils, de Dieu et des hommes.

Emmanuël regarda cette expulsion demandée comme un point très-délicat. Quelques membres de son conseil furent d'avis qu'on ne devait pas bannir les juifs du territoire portugais, puisque le pape lui-même leur avait permis de s'établir chez lui, et qu'à son exemple plusieurs États d'Italie, beaucoup de princes chrétiens d'Allemagne, de Hongrie, et d'autres contrées de l'Europe, leur avaient accordé, avec la même liberté, celle de trafiquer de toute espèce de marchandises. D'ailleurs, ajoutaient-ils, leur expulsion ne les corrigera pas des dispositions perverses qu'on leur impute ; car par-tout où ils iront, ils les porteront avec eux. Changer de lieu, ne les fera pas changer de caractère. En supposant en outre qu'ils passassent en Afrique, ce qui est assez probable, que deviendraient tous les

projets de leur conversion ? Au lieu
qu'en continuant de vivre parmi nous,
l'exemple , l'amitié en amèneraient
beaucoup à embrasser la foi chrétienne
comme cela est déjà arrivé ; espoir qui
serait entièrement perdu dans le cas où
ils viendraient à habiter chez les infidèles. Quelle perte, sur-tout pour le
Portugal, si ces hommes, dont plusieurs
possèdent des richesses considérables,
les transportaient chez les Maures, et
enrichissaient nos ennemis de la connaissance des arts que nous leur avons
enseignés.

Les conseillers d'une opinion différente soutinrent que ce n'avait pas été
sans de puissans motifs, que les juifs
avaient été expulsés d'Espagne, de
France et de plusieurs États d'Allemagne, par des princes qui attachaient
moins de prix à l'augmentation de leurs
revenus qu'aux intérêts de la religion ;
que ces princes ne s'étaient déterminés
à cette grande mesure de police que

parce qu'ils avaient remarqué de quel danger il était pour les peuples dont ils administraient le gouvernement, de tolérer plus long - temps parmi eux des étrangers capables d'infecter de leur doctrine pernicieuse les esprits faibles et sans instruction. Il ne pouvait être que très-imprudent, selon eux, de donner quelque confiance à des hommes acharnés contre la religion chrétienne, qui ne se croyaient liés par aucun serment ni aucune obligation, toujours prêts à tout sacrifier à leur intérêt, et épiant les secrets du gouvernement pour les transmettre à ses ennemis. Il vaudrait mieux, ajoutèrent-ils, les renvoyer avec les richesses qu'ils possèdent, mais qu'ils ont ramassées aux dépens des pays qu'ils habitaient, avant qu'ils n'en aient acquis de nouvelles aux dépens de celui-ci.

Emmanuël, entraîné par cette dernière opinion, qui cependant n'était pas la plus sage, décréta que tous les juifs et les Maures, qui avaient refusé de se faire chrétiens, eussent à sortir du Portugal. Il leur fixa un jour, passé lequel tout contrevenant à la loi serait privé de sa liberté.

Ceux de ces étrangers que la loi regardait se préparèrent en conséquence à partir. Mais Emmanuël affligé du bannissement de tant d'individus, parut desirer au moins qu'on pût convertir leurs enfans. Il imagina à ce sujet un moyen qui, quoique contraire à tout principe de justice et d'humanité, lui sembla devoir produire les effets les plus avantageux pour son pays. Ce projet fut d'ordonner que tous les enfans des juifs, au-dessous de quatorze ans, seraient enlevés à leurs parens, afin de les élever dans les principes de la religion chrétienne. Cet ordre barbare reçut son exécution, et fut accompagné d'une scène de désolation.

Quel horrible spectacle s'offrit aux regards des mortels ! Ici, des enfans

étaient arrachés du sein de leurs mal-
heureuses mères ; là, on en séparait
d'autres de leurs pères, de leurs frères,
de leurs sœurs, qu'ils ne devaient plus
revoir. Lisbonne ne retentissait plus
que de lamentables accens ; les exécuteurs même fondaient en larmes. On
vit des mères, des pères se donner la
mort ; que dis-je ? quelques-uns, dans
l'excès de leur désespoir, se portèrent
jusqu'à précipiter leurs enfans dans le
Tage et dans des puits pour les sous-
traire à la cruauté du décret !

Ce ne fut pas tout. A l'expiration du
terme, les juifs qui voulurent partir n'en
eurent ni la possibilité, ni même la liberté. Le roi était si jaloux de les convertir, qu'il avait résolu d'employer
tout au monde, nécessité, contrainte
ou récompense. Il devait les faire pourvoir de vaisseaux et les garantir de
toute persécution ; mais il éludait le
plus qu'il pouvait l'exécution de ses
promesses. Il alla même jusqu'à leur

ordonner de se rendre tous à Lisbonne sous prétexte de les y embarquer, quoiqu'il leur eût promis de les faire partir par trois ports désignés.

Au milieu de tous ces délais, le jour fatal arriva, et les juifs perdirent leur liberté. Harassés, désespérés, ils affectèrent enfin de se faire chrétiens, et obtinrent à ce prix leurs enfans et la liberté. Le roi y ajouta de grands encouragemens, de manière que la plupart d'entr'eux se félicitèrent d'être restés sous le gouvernement portugais. « La postérité, dit Montaigne, ne croira » pas plus que moi, ni même la géné- » ralité des Portugais d'alors, à la con- » version de ces gens-là, quoique le » temps et l'habitude soient de plus » puissans conseillers en changemens » pareils, que toutes les contraintes » imaginables ».

Tels furent les moyens employés pour convertir les juifs, et il faut convenir qu'ils sont inexcusables. C'est violer tous les principes de la justice naturelle et de la religion, que de vouloir forcer à pratiquer des choses que l'on ne croit ni ne révère. Non, personne n'a le droit de commander à la volonté ni à l'opinion; et d'ailleurs la doctrine du Christ s'y oppose formellement. Dieu rejette tout ce qui n'est que le fruit de la contrainte ; les sacrifices volontaires sont les seuls qui lui soient agréables. Il n'ordonne pas de soumettre l'esprit, il invite seulement à le convaincre. En effet, quoi de plus présomptueux de la part des hommes que d'entreprendre ce que la raison peut seule opérer. Oui, elle seule peut éclairer et purifier l'entendement humain, et quiconque se trouve susceptible de la recevoir, elle le pénètre de sa lumière.

Le grand nombre de juifs qui ont souffert des persécutions par la suite, et ont été obligés de fuir le Portugal pour éviter les poursuites de l'inquisition, ne prouve que trop que la conversion de la plupart d'entr'eux n'était pas sincère. La majeure partie de ces juifs s'établit en Angleterre et en Hollande ; et parmi ceux qui habitent aujourd'hui ces contrées, les juifs portugais se font remarquer par leur honnêteté. J'en connais un dans ce pays qui s'est concilié l'estime générale par ses qualités aimables. Il est sensible, obligeant, plein d'affection pour sa famille, et tendrement attaché à ses amis, n'importe quelle soit leur secte. Si beaucoup de juifs comme M. Rebello de Hackney ont été bannis du Portugal, ce pays doit avoir fait une perte irréparable.

Malgré toutes les persécutions que les juifs aient éprouvées en Portugal, ils avaient conçu un tel attachement pour lui, que beaucoup d'entr'eux ont emporté avec eux de la terre de Lisbonne, et ont recommandé expressément à leurs amis en mourant d'y faire déposer leurs corps. C'est ce qu'on appelle littéralement aimer son pays jusqu'à la mort.

Il

Il y a dans le climat et l'aspect du Portugal quelque chose de si analogue aux dispositions de ces Israélites que, lorsqu'une fois ils l'ont connu, ni le temps, ni l'absence, pas même la persécution, ne peuvent le leur faire oublier. Le Portugal, en un mot, est pour eux la terre promise, et Lisbonne une nouvelle Jérusalem, après laquelle ils soupirent dans leur exil, comme jadis leurs ancêtres établis sur les bords de l'Euphrate, leurs harpes suspendues à des branches de saule, soupiraient après l'ancienne.

Le Père Louis de Sousa.

C'est aux ouvrages de ce père que je suis redevable de la description que j'ai donnée du monastère royal de Batalha. Il occupe le premier rang parmi les historiens portugais, comme écrivain fidèle et élégant. La singularité des circonstances qui l'ont engagé à se retirer du

monde, et à embrasser la vie monastique, m'a fait penser que le public en
lirait avec intérêt l'abrégé.

En 1578, lorsque l'armée de don Sébastien, roi de Portugal, fut taillée en
pièce par Muly Moloch, empereur de
Maroc, une partie de la noblesse qui
l'accompagnait subit le même sort, et
l'autre fut emmenée captive par l'ennemi.

Sur la liste des officiers tués était
porté un gentilhomme dont le nom
n'est pas arrivé jusqu'à nous. Sa femme
qui résidait à Lisbonne crut qu'il y avait
erreur, et se flatta qu'elle reverrait bientôt son mari.

Dix ans s'écoulèrent dans cette douce
espérance de sa part, malgré que les
personnes employées au rachat des cap-
tifs lui eussent confirmé plusieurs fois
sa perte. Ses amis, qui n'en doutaient
nullement, la pressèrent de revenir de
son illusion, et de prendre un nouveau
mari.

A cette époque, Sousa vivait dans le plus grand monde. Sa société était recherchée avec empressement, et pour son esprit, et pour ses qualités. Il voyait beaucoup la dame en question, qui commençait alors à douter de l'existence de son mari. Elle finit par se rendre aux conseils de ses amis, et elle épousa Sousa. Ils vécurent dans la plus parfaite union ; mais leur bonheur fut de courte durée. Un marchand arrivé d'Afrique vint trouver la dame, et lui apprit qu'il était chargé d'une commission de son mari, qui espérait de sa tendresse qu'elle voudrait bien le racheter de captivité.

Rien ne saurait exprimer la honte et la surprise de cette malheureuse femme qui n'avait jamais pensé que les morts revinssent. Sousa, à qui elle fit part de cette nouvelle pour savoir ce qu'elle avait à faire, ne demeura pas moins étonné qu'elle. Homme délicat et sage,

il résolut de n'écouter, dans cette circonstance embarrassante, que ce que lui
dicterait l'honneur.

Il voulut, avant tout, s'assurer du
fait, et il eut recours en conséquence à
un expédient très-ingénieux. Sa maison
renfermait une galerie de tableaux. Il y
introduisit le marchand d'Afrique en lui
disant que, parmi cette collection, se
trouvait le portrait de la personne qu'il
affirmait avoir vue et être existante.
Il exigea de lui, en preuve de sa vé-
racité, de le lui désigner. Cet homme
chercha d'abord à s'excuser, en représentant qu'une longue captivité et les
mauvais traitemens avaient si fort changé
le prisonnier, qu'il doutait même que
ses amis les plus intimes le reconnussent
aujourd'hui. Néanmoins, ajouta-t-il,
quelques anciens traits me portent à
croire que voilà son portrait, en le dé-
signant effectivement du doigt. Cette
particularité, jointe à quelques autres,

acheva de convaincre Sousa de la vérité du fait, et il loua beaucoup le marchand de son zèle.

Mais cette découverte n'en affecta pas moins vivement son cœur. Il réfléchit quelque temps sur le parti auquel il devait s'arrêter relativement à lui-même. A la fin, il se décida, n'ayant point d'enfans, à abandonner le monde pour vivre dans un monastère. La dame approuva sa résolution ; et voulant lui donner à son tour une preuve de sa tendresse et de son chagrin, elle se retira dans un couvent de religieuses près de Lisbonne. Mais, avant d'effectuer leur résolution , ils employèrent l'un et l'autre tous les moyens qui dépendaient d'eux pour délivrer le malheureux captif.

Sousa étant entré dans l'ordre de Saint-Dominique, habita le couvent de *Bemfica* situé près de Lisbonne. Les moines desirant d'achever l'histoire de leur établissement, et sachant que Sousa

avait de très-grands talens, ils voulurent mettre à profit l'occasion ; en
conséquence ils le prièrent de se charger de cette tâche, et de mettre la dernière main à ce que *Cacégas*, un moine
de leur ordre, avait commencé. Il se
livra donc à l'ouvrage, et après de longs
travaux, il le publia en 1619, sous le
nom de *Cacégas* et le sien. Son extrême
modestie lui fit ainsi partager un honneur qu'il était fondé à s'approprier totalement ; mais la postérité a rendu justice à sa mémoire, et le nom de *Cacégas* n'est plus rappelé aujourd'hui que
dans les ouvrages de Sousa.

Il y règne, dit-on, une exactitude
parfaite et un grand ordre de composition. Les réflexions en sont naturelles
et solides, le style simple et nerveux ;
mais ce qui fait encore plus d'honneur
à l'écrivain, c'est la réputation qu'il a
laissé après lui d'homme probe et vertueux.

Le père *Jean* de Sousa que nous avons

eu occasion de citer plusieurs fois dans le cours de ce voyage, publia en 1790 une traduction intéressante de piéces arabes (documentos arabicos), par lui extraites des manuscrits originaux déposés dans les archives royales de Lisbonne, dont S. M. lui avait fait donner communication. Cet ouvrage consiste principalement en une collection de lettres des rois de Portugal et des princes tributaires de l'Inde, écrites dans le seizième siècle. Nous allons en traduire une de la version portugaise, pour offrir un chef-d'œuvre d'adulation.

Lettre du Roi de Mélinde à Emmanuël, Roi de Portugal.

« Respect, honneur, salut et gloire, de la part du serviteur des serviteurs de Dieu dont il implore la miséricorde, le *Xèque Wagerage*, au très-illustre, heureux, estimable, sincère, recommandable, puissant, permanent et invincible monarque Emmanuël, modèle de bonté, de clémence et d'honneur. Son nom est célèbre dans tout l'univers, sa bienfaisance infinie, et sa réputation immortelle. Souverain d'une noble Cour, d'un royaume de découvertes et d'un palais de trésors. Ses sujets sont victorieux, ses châteaux formidables, ses garnisons nombreuses, ses batteries garnies, ses murs décorés, ses rues ornées, ses maisons élevées, ses palais admirables, son peuple juste, son clergé humble, ses moines savans, *sa constitution établie*, ses sujets industrieux, ses portes gardées, ses héros intrépides, sa cavalerie vaillante ; car un seul de ses soldats mettrait en fuite cent guerriers. Des flottes richement chargées mouillent devant sa capitale ; à son aspect on incline la tête et l'on fléchit le genou ; il est l'ame du commerce du monde entier. L'équité de son administration enrichit le pauvre, et abrège les jours de ses ennemis. Quiconque cherche en

lui une tache, se donne des peines inutiles pour découvrir ce que l'œil n'a
jamais vu, ni l'oreille entendu. Il est
la source des richesses et des honneurs,
le dispensateur des titres, la tige de la
noblesse, le centre de l'univers, le pi-
lier du pouvoir, le protecteur libéral de
la vertu et du mérite, le roi des rois,
la couronne de la grandeur, le diadême
de la générosité, dont les forces ont
réduit la Chine, l'Inde, la Perse, l'Ara-
bie, l'Égypte, la Syrie, l'Yemen, et
toutes les provinces du globe terrestre.
Sa voix fait rentrer l'insolent dans la
poussière, et sa présence humilie l'or-
gueilleux. Son exemple est au - dessus
de toute imitation ; son nom est béni
parmi les hommes, parce qu'il est le
soutien du pauvre. Quand il est assis
sur son trône, l'œil est ébloui de sa
gloire ; ses manières sont agréables ; son
autorité donne de la force au bras du
guerrier ; son nom retentit d'un pôle à
l'autre ; il efface par son aspect l'éclat

de la pleine lune ; ses arrêts sont irré-
vocables comme ceux du destin ; sa res-
piration est fraîche comme la rosée du
printemps ; sa réputation embrasse la
terre entière ; sa bienfaisance le fait distinguer en tout temps, en tout lieu ; tel
est le roi Emmanuël. Que le grand Être
perpétue son règne, et le préserve de
l'envie et de la méchanceté de ses ennemis ! Ainsi soit-il.

» La présente est pour te donner avis,
très-cher et sincère ami, que celui qui
t'écrit est en bonne santé, et inquiet de
savoir l'état de la tienne et de celle de
toutes les personnes qui t'appartiennent. Que le ciel te conserve ainsi
qu'elles ! L'écrivain serait venu en personne se présenter devant ton auguste
majesté ; mais il est occupé à élever ses
enfans, et à les pourvoir de serviteurs
et d'esclaves, qui tous, avec le père et
les fils, sont tes serviteurs et tes esclaves, lesquels ne cessent, nuit et jour,
de prier le ciel de te combler d'hon-

neur, de richesses et de gloire. Sa personne et ses biens ont été entièrement dévoués à ton service du moment qu'il a vu tes sujets, comme ils peuvent te l'assurer. Il implore ta protection et ton amitié, afin qu'il puisse être honoré et estimé par ta nation. Il te demande la permission d'apporter lui-même sur son vaisseau une fois par an à Goa et à Mosambique, tout ce qui peut être nécessaire à ton usage.

» Après avoir considéré tout ce que ce monde a pu renfermer jusqu'ici, il n'y a découvert aucun monarque aussi puissant que toi, ni d'empire plus heureux que le tien. Il a plu à Dieu de répandre en abondance ses bénédictions sur toi, et c'est à lui seul que tous ces biens doivent être rapportés.

» O roi, tu sauras qu'anciennement vivait un homme généreux, nommé *Halem*, qui était la véritable essence de la libéralité, et dont les richesses égalaient la munificence. Jamais on ne le vit rejeter aucune demande. On rapporte qu'un homme qui desirait connaître jusqu'où pouvait s'étendre sa libéralité, fit un voyage exprès pour aller le trouver. *Halem* lui demanda ce qui pouvait l'amener. « Je viens, lui répondit-il, te demander ta tête. Eh! qu'en as-tu besoin, répliqua Halem? Écoutemoi, lui dit le voyageur. Il existe dans mon voisinage un roi qui me donne mille piéces d'or pour que je lui laisse porter sa tête ». *Halem* passa aussitôt dans sa chambre, et en apporta mille piéces. Il dit ensuite à cet homme, en lui tendant le cou : « Choisis, mon ami, de ma tête ou de mon argent ». Le voyageur prit le dernier et s'en alla.

» O roi, ton serviteur répète ici la même expérience. Comme tu es le plus généreux souverain de tous les rois de la terre, je me représente ton pouvoir et tes vertus sans bornes ; et mes amis qui ont comparé ta grandeur avec celle de tous les autres princes, pensent qu'Alexandre et César même ne peseraient dans la balance qu'un grain de poussière auprès de toi, parce que tous les trésors de la terre sont à ta disposition. Ainsi, ta libéralité, quelque infinie qu'elle puisse être, ne saurait jamais tarir tes richesses. O roi, rappelle-toi que de tous les princes, je suis (1) celui qui mérite le plus tes faveurs.

» Ton serviteur, le *Xèque Wagerage*, te supplie donc de laisser tomber un regard de compassion et de clémence sur les habitans de Mélinde, et si tu les juges dignes d'une si grande faveur, ils parviendront bientôt à l'estime des nations qui les avoisinent, et auront droit à leurs éloges, respect et protection ; et comme le *Xèque de Mélinde* n'a jamais visité *Mosambique*, il espère que tu voudras bien condescendre à ce qu'il y aille. Alors si quelqu'un, soit

____

(1) Le prince de Mélinde écrit tantôt à la troisième personne, tantôt à la première.

Portugais, soit Musulman, entreprenait de s'y opposer et de résister à son autorité, il lui répliquerait que tel est le bon plaisir du roi Emmanuël, expression qui accompagne tous ses ordres dans *Mélinde*, parce que l'autorité des monarques est illimitée. Il desire pareillement que, lorsque le Xèque de Mélinde ira à *Mosambique*, il soit donné des ordres pour qu'on respecte sa personne, et qu'on le considère comme ton organe et ton véritable représentant. Il prendra une exacte connaissance de tous ceux qui ont coopéré à glorifier ton nom, et servi utilement tes intérêts et ta réputation. Il y joindra le témoignage de tes serviteurs Simon de Andrade, François Pereira, Ferdinand de Freitas, Gaspard de Paiva, Antoine da Costa, et ceux de tous les autres chrétiens et musulmans de Mosambique.

» Enfin, sois assuré, ô grand roi, que moi, mes enfans et tous mes biens t'appartiennent et t'appartiendront jus-

qu'au dernier jour de ma vie. Je te
supplie donc d'accéder à mes sollicita-
tions. Que la paix soit avec toi !

» Saches, ô interprète de cette lettre,
que le Xèque Wagerage te charge de
la lire au roi d'un bout à l'autre, à
haute et intelligible voix, sans y ajouter ou en retrancher le moindre mot, et
de manière que tout le monde s'apper-
çoive que le Souverain a été enchanté
de son contenu. Le Xèque de Wagerage
te paiera tes honoraires accoutumés ;
sers-le donc bien , et Dieu te récompen-
sera aussi. Ce 28 de zulcade, l'an 921
de l'hégire , ce qui correspond au 13
septembre 1515 ».

Note de Sousa.

Le Xèque Wagerage était souverain de
Mélinde , quand Vasco de Gama conclud un
traité d'alliance avec lui en 1500 ; traité en
conséquence duquel ce prince fit accompa-
gner Vasco de Gama, à son retour en Portugal, d'un ambassadeur chargé de riches pré-

sèns pour le roi Emmanuël. Cet ambassadeur revint à Mélinde sur le vaisseau de Pedraves Cabral, apportant avec lui une lettre et des présens du roi Emmanuël, pour son ami le *Xèque. Voyez Chron. part. I, p.* 42 *et suiv.*

Cintra.

Cintra est le nom d'un pays montagneux, situé à environ vingt milles à l'ouest de Lisbonne. Le rocher de Cintra qui en fait partie est bien connu de tous les navigateurs, par sa position à l'extrêmité occidentale de l'Europe. Dans les ouvrages des anciens géographes, il est désigné, tantôt sous le nom de *Promontoire de la Lune*, tantôt sous celui d'*Olisiponèse*, sans doute à cause de son voisinage de Lisbonne. Mais, suivant Strabon, son premier nom fut *Hierna.*

La nature semble avoir placé-là ce rocher pour servir de barrière aux flots de l'Océan atlantique, et marquer en même

même temps les bornes de l'Europe à l'ouest. La hauteur de sa partie la plus élevée est estimée de trois mille pieds au-dessus du niveau de la mer. Tous les matins son sommet est enveloppé de nuages, et les soirs, long-temps après que la nuit a obscurci les vallées, il conserve encore quelques rayons de clarté.

Sur ce sommet est bâti un couvent de l'ordre de Saint-Jérôme, qui, suspendu, pour ainsi dire, au-dessus de l'abîme dans sa partie occidentale, glace d'effroi le spectateur.

Du village de Cintra, situé au pied et à l'ouest de la montagne, je mis deux heures à parvenir au monastère. Cet établissement fut fondé par le roi Emmanuël, au commencement du seizième siècle. L'architecture est un composé de gothique normand et arabe, et tout l'édifice est bâti de pierres grises, tenant du granit. Les voûtes de l'église, du chapitre et de la sacristie sont construites des mêmes matériaux, et se divisent en plusieurs compartimens au moyen d'impostes croisées. Le chapitre, entr'autres, offre un beau modèle de ces espèces de voûtes.

Il y a dans l'église un tabernacle d'albâtre qu'on dit être l'ouvrage d'un Italien. Mais, quelqu'en soit l'auteur, il paraît qu'il n'était qu'un médiocre sculpteur. Un des moines, après y avoir introduit une lumière, en ferma l'ouverture, et la transparence de la pierre fut assez forte pour nous permettre de lire.

Il est probable que le temple de *Fortuna seia*, dont Montfaucon parle dans son *Diarium italicum*, était bâtie de cette espèce de pierre.

Pline nous apprend que Néron dans la construction du temple de cette déesse, élevé sur le terrain que lui avait consacré Servius Tullius, fit employer de la pierre trouvée en Cappadoce, aussi transparente que le verre; d'où on lui donna le nom de *phengites*, du grec *phengos*, qui signifie clarté.

Bien des gens regardent comme fabuleux ce que Pline nous dit de ce temple ; mais si nous nous en rapportons à l'expérience journalière, nous n'y trouverons rien d'incroyable. On sait que dans l'église de *Saint-Minias* à Florence, les vîtrages des fenêtres hautes de quinze pieds, sont d'albâtre au lieu de l'être de verre, et cependant l'édifice est suffisamment éclairé. Si la colonne d'albâtre qui est dans la bibliothèque du Vatican était divisée en feuilles, chaque morceau serait presqu'aussi transparent que le verre.

Mais je retourne au monastère. On y trouve un hospice pour les pélerins qui viennent y faire des neuvaines, c'est-à-dire, y passer neuf jours en dévotion.

Le nombre des religieux était dans l'origine de trente. Il est réduit aujourd'hui à quatre. Si j'étais moine, je voudrais habiter ce monastère ; car je ne connais point d'endroit plus pittoresque , plus isolé du monde entier , et conséquemment plus propre à la contemplation d'une autre vie.

De ce point élevé du globe , je me sentis très-disposé à croire ce que les historiens de l'antiquité nous racontent de merveilleux concernant les montagnes. En général , les hautes régions offrent lieu à de plus grands événemens, comme à de plus fortes impressions.

Il est en effet presqu'impossible qu'un habitant du rocher de Cintra ne pense et n'agisse différemment de celui qui habite la profondeur de la vallée voisine. La scène sublime qui environne le premier, les perspectives particulières à la montagne , tout le porte involontairement à la réflexion , et sur-tout un jour de tempête, lorsque le mugissement des flots, le déchaînement des vents et les éclats de la foudre viennent électriser son ame. De quelque côté qu'il

tourne les yeux, il est frappé de la
majesté de la nature. -Devant lui se
présente le vaste Océan, dont la mobile
surface semble se confondre à l'horison
avec l'azur des cieux. A ses pieds, s'é-
tend une vallée dont son œil peut à
peine sonder la profondeur. Autour de
lui sont suspendus d'énormes fragmens
de rochers qui semblent menacer le village d'une destruction prochaine.

Il y a environ trente ans qu'un voyageur étranger découvrit une mine d'ai-
mant sur cette montagne. Elle lui fut
indiqūée par la couleur de l'herbe qui
croît au - dessus, laquelle est moins
vivace et d'un verd moins foncé que
celle du voisinage. Après avoir fait
creuser la terre d'environ six pieds, il
rencontra une mine très - abondante ;
mais, comme cette montagne n'est qu'un
composé de débris de rochers, il devenait indispensable d'étayer le terrain, à
mesure qu'on l'excavait. Le gouvernement, craignant que le bénéfice ne cou-

M 3

vrît pas les frais, donna ordre de cesser l'exploitation de la mine.

Dans la région occidentale de la montagne existent quelques vestiges d'anciens murs construits, partie sur les rochers, partie sur des cavités. On dit y avoir trouvé des passages souterrains et des restes de tombeaux ; mais nous n'en avons aucune description. Ces murs ont-ils été élevés par les Romains ou les Maures ? Je l'ignore. Il est très-probable qu'ils appartiennent à ces derniers, ou du moins en partie, d'après ce qui subsiste encore d'un ancien bâtiment qu'on suppose avoir été une mosquée. En effet, on remarque sur le derrière de l'édifice un petit pavillon voûté et orné d'étoiles peintes sur un fond d'azur, où la main du temps a respecté quelques caractères arabes.

Le plus beau monument d'antiquité qu'offre cet établissement, est une salle que l'on croit avoir servie à des bains du temps des Maures ; elle a cinquante pieds de long sur dix-sept de large. L'intérieur en est représenté dans la *pl. XI* de ce voyage. Les murs sont construits de pierres de taille, et décorés de chaque côté de trois pilastres qui se terminent en arcs et supportent la voûte de cette salle.

L'eau destinée pour les bains a quatre pieds de profondeur, et ce qu'il y a de singulier, c'est que, l'hiver comme l'été, jamais elle n'augmente ni ne diminue, quoiqu'elle ne paraisse provenir d'aucune source. Malgré le peu de soins avec lequel ces bains sont tenus, l'eau en est toujours transparente et ne forme aucun dépôt sur les parois des murs, indice le plus certain, selon Vitruve, de la salubrité de l'eau.

Le peuple, conformément à une ancienne tradition, est persuadé qu'il existe des trésors sous ces ruines, et qu'un roi maure y a été déposé avec ses richesses dans un tombeau de bronze gardé par des génies mal-faisans. Ce

conte ridicule a fait même fortune chez
bien des gens dont l'éducation semblait
devoir les garantir d'une pareille facilité
à croire.

Le village de Cintra, ainsi que plusieurs maisons de campagne situées au
pied de la montagne, s'approvisionnent
de l'eau qui en provient par le moyen
de petits conduits pratiqués le long de
ses pentes. On a imaginé diverses con-
jectures sur la manière dont cette eau
s'y forme ; les uns pensent qu'elle est
produite par les nuages qui, comme
nous l'avons déjà observé, couvrent la
montagne le soir et le matin. Il est certain cependant qu'en été, et vers l'heure
de midi, le soleil doit absorber plus de
vapeurs que la plus haute montagne
n'en peut attirer dans tout le cours
d'une nuit. D'autres croient que, douée
d'une propriété magnétique, et faisant
l'office d'un siphon, la montagne aspire
toute son humidité intérieure ; mais
strictement parlant, on ne trouve point

d'eau sur son sommet. Le couvent extrait la sienne d'un puits qui a soixante
à soixante-dix pieds de profondeur, et
c'est aujourd'hui le niveau de l'eau sur
la montagne. Cette profondeur au-dessous de la surface de la terre suffit en
général pour l'écoulement des eaux dans
les plaines ; et par une conséquence naturelle la cause qui détermine leur cours
dans les deux cas doit se trouver la
même. Nous ajouterons que sur les montagnes les intervalles des rochers peuvent être considérés comme autant de
tubes à travers lesquels s'élève comme
dans un puits l'eau, qui de sa nature
est très-expansive et volatile. En effet,
elle est estimée occuper dans son exten-
sion quarante fois plus d'espace. En
trempant l'une des extrêmités d'un linge
dans un vase rempli d'eau, tandis que
l'autre reste suspendue à l'extérieur,
nous voyons que celle-ci s'humecte par
aspiration.

Au pied de la montagne que nous

venons de décrire, et très-près du village de *Cintra*, est un palais où la famille royale résidait autrefois l'été, à cause du pittoresque de sa position et de la salubrité de l'air. Quoique Cintra ne soit situé qu'à seize milles de Lisbonne, on y éprouve huit degrés de chaleur de moins que dans cette ville, du moins à ce que m'a assuré une personne qui y a demeuré pendant plusieurs années, et qui a tenu un état exact de la température.

Malgré cet avantage, ainsi que beaucoup d'autres que Cintra possède sur tous les sites du Portugal, il n'est cependant pas aussi peuplé qu'il devrait l'être. Le palais est entièrement désert, et a été peu habité, je crois, depuis la mort d'Alphonse VI, qui y termina sa malheureuse vie après une réclusion de sept ans. Le plancher de la chambre dans laquelle il était enfermé, et qui est formé de carreaux, présente dans beaucoup d'endroits l'empreinte de ses pieds ; car tout son amusement consistait à marcher continuellement et à prendre du tabac.

Le plus grand crime de cet infortuné prince était son impuissance. Il lui dut la perte de sa couronne, de sa femme et de sa liberté. Son règne fut de cinq ans, et son emprisonnement de quatorze, dont il en passa huit dans l'isle de *Tercère*, et le reste à Cintra. Il mourut en 1669, dans la quarante-huitième année de son âge. Sa femme remariée à son frère, Pierre II, ne lui survécut que trois mois.

Le palais de Cintra a été bâti probablement à différentes reprises, car il est très-irrégulier. En général l'architecture en est arabe. Les ornemens qui accompagnent les croisées représentent des branches d'arbres entrelacées et dépouillées de leurs feuilles. J'ai décrit une de ces croisées lorsque j'ai parlé du monastère de Batalha. Au-dessus de la cuisine s'élèvent deux cheminées en forme de cônes, parfaitement semblables à celles de nos verreries. Les appartemens sont très-nombreux, mais mal distribués pour les communications. Ce qu'on y trouve de plus remarquable, ce sont des fontaines que les montagnes voisines approvisionnent continuellement d'une eau excellente. Il n'y existe point de jardins, les derrières se terminant en un précipice.

Alphonse IV à son avènement au trône passa un mois dans ce palais à la chasse des bêtes fauves, qui alors abondaient autour de ces montagnes. Le reproche sévère que lui en fit un Portugais mérite d'être rapporté ici.

Tandis qu'Alphonse jouissait des plaisirs de la chasse avec ses favoris; les affaires de l'État étaient confiées à des hommes plus occupés de leurs intérêts que de ceux du public. La noblesse s'appercevant des malversations des ministres et de la négligence du souverain envers ses devoirs, convoqua une assemblée à Lisbonne où le prince fut invité. Il s'y rendit ; mais au lieu d'attendre que l'on délibérât, il entreprit l'histoire de ses aventures à Cintra, qu'il raconta avec toute la chaleur et l'enthousiasme d'un jeune chasseur. Son récit achevé, un des assistans se leva, et lui adressa ces paroles :

« Sire, le cabinet et les camps sont la place des rois, et non les bois et les montagnes. Toutes les fois qu'on sacrifie ses devoirs à ses amusemens, les affaires, même celles d'un particulier, vont mal ; à plus forte raison celles de l'État, quand le prince ne pense qu'à ses plaisirs. Sire, nous sommes assemblés ici, non pour entendre des aventures de chasse qui ne peuvent plaire qu'à des piqueurs ou à des fauconniers, mais pour délibérer sur le bonheur du peuple. Ce sujet offre à votre majesté un vaste champ d'occupations ; et si elle s'attache à le soulager des maux qui l'accablent, elle trouvera en lui un

peuple soumis et fidèle. Sinon Ici
le roi se levant tout-à-coup transporté
de fureur lui cria : Eh bien, que vou-
lez-vous dire ? —Sinon, reprit l'orateur
d'une voix ferme, il cherchera un meilleur roi ».

A ces mots, Alphónse sortit précipi-
tamment de la salle pour donner cours
à toute sa rage. Mais, comme tous les
accès des passions commencent par le
délire et se terminent par la réflexion,
la colère d'Alphonse appaisée, il ren-
tra dans l'assemblée avec un front se-
rein, et lui parla en ces termes :

« Je suis convaincu maintenant de la
vérité de vos représentations. Un roi
qui ne remplit pas les devoirs de sa
place ne peut être affectionné du peuple
qu'il gouverne. Ainsi ressouvenez-vous
que de ce moment vous n'avez plus affaire à Alphonse - le - Chasseur, mais
à Alphonse IV, roi de Portugal ». Il
tint parole. Ce fut en effet un des
meilleurs princes qui aient régné en
Portugal.

Le marquis de Marialva a un établissement près du village de Cintra, où la famille royale l'a honoré d'une visite au mois d'Août dernier. Il y eut le soir un excellent concert exécuté par plus de quarante musiciens, dont quelques-uns étaient du premier mérite. La reine était vêtue de blanc. A sa droite siégeait son altesse royale le prince de Brésil, et à sa gauche les deux princesses. Toutes ces personnes étaient parées conformément aux règles de la véritable grandeur. Elles avaient pour cortège la noblesse et les ministres d'État.

Leur magnifique hôte demanda à sa majesté la permission d'introduire un officier de ses gardes pour exécuter un solo sur une harpe juive ; ce qui lui fut accordé de très-bonne grace. L'officier parut aussi-tôt sous les plus beaux habits, et joua une piéce de la plus grande difficulté, qu'il rendît de manière à fixer l'attention des augustes voyageurs. Vint ensuite une très-jolie petite fille de neuf ans, dans tout le costume élégant du théâtre. Elle chanta des vers à la louange de la reine, qu'elle accompagna d'une espèce de danse allemande. Sa voix était accentuée et mélodieuse, ses mouvemens pleins de graces et d'expression. Elle ne parut nullement embarrassée par la présence de sa Souveraine, dont elle éleva jusqu'au ciel le pouvoir, la magnificence et les vertus.

Une danse eut lieu après entre une femme blanche, une négresse et un nain appartenant au marquis de Marialva. La négresse se nommait *Donna Rosa*, et était au service de la reine, aux pieds de laquelle elle resta assise pendant le concert. J'observai plusieurs fois qu'elle lui parla, et qu'elle tenait sa main étendue sur ses genoux. Cette marque de faveur d'une Souveraine envers un individu d'une race proscrite et opprimée, mérite d'être rapportée pour l'honneur de l'humanité.

Sur

Sur les neuf heures deux des plus fameux musiciens exécutèrent un duo sur le violon ; après quoi la famille royale se transporta dans les jardins, où fut tiré un très-beau feu d'artifice de la composition d'un prêtre de Cintra.

Ce divertissement achevé, la Cour fut introduite pour souper dans un superbe sallon orné avec des branches d'arbres, garnies de fleurs et de fruits. La table était splendidement servie. Il y en avait une autre pour la noblesse, les ministres et les officiers des gardes, et une troisième pour les dames d'honneur. Ces deux dernières tables occupaient des appartemens séparés. La manière noble et grande qui présida à l'arrangement de cette fête, fit un honneur infini au goût déjà bien connu et à l'hospitalité du maître de la maison, dont la réputation est encore mieux établie par son attachement envers son pays et sa Souveraine, et par la sagesse de ses principes et de sa conduite.

A environ six milles au sud - ouest
du village de Cintra se présentent des
vestiges d'un édifice, qu'on suppose
avoir été un temple consacré au soleil
et à la lune. *Nunez de Leao*, qui a
publié une description abrégée du Portugal, dit qu'on y a trouvé sur quelques fragmens les deux inscriptions suivantes :

Soli. et. Lunae.
Caetius. Acidus. Perennis.
Leg. Aug. Pro. Provinciae.
Lusitaniae.

Soli. aeterno. Lunae. pro. AEternitate.
Imperii. et. salute. Imper. Cai.
Septimii. Severi. Augusti. Pii. et Imp.
Caos. M. Aurelii. Antonini. Pii.
Et. Julia. — Aug. — M. — —. Caes.
Et. Juliae. Aug. matris. Caes. Dru.
Sus. Vester. Sicilianus. Viatous.
Augustorum. T. Q. Julius. Saturni.
Et. Antoninus.

Selon *Florian de Campo* une chaîne

de montagnes s'étend de celle-ci, sous l'Océan atlantique, jusqu'à l'isle de *Madère*, qui en est éloignée de cent cinquante lieues. Comme il est plus aisé d'avancer de pareilles assertions que de les prouver, un auteur qui aime le merveilleux peut les aventurer dans le public sans craindre d'être contredit par un témoin oculaire. Quoiqu'il en soit, parmi ceux qui se sont lancés dans le vaste champ de la conjecture, aucun ne paraît avoir eu plus de succès que *Huygens*. Sa fameuse hypothèse nous donne une idée sublime de l'immensité de l'espace et des œuvres ineffables du Tout-puissant. D'un autre côté, il n'est pas improbable, comme le même *Huygens* l'observe, *qu'il existe dans les régions de l'infini des étoiles dont la lumière n'a point encore frappé nos yeux depuis l'instant de leur création.*

Mais, pour revenir à notre sujet, je remarquerai qu'il y a près de Cintra un rocher nommé *Pedra da Alvidras*, dont l'élévation au - dessus de la mer, qui baigne sa base, ne paraît pas moindre que de deux cents pieds ; et quoiqu'il soit, pour ainsi dire, à pic et très-lisse, on m'a assuré que les paysans voisins, sans l'assistance de corde ou de tout autre moyen, le descendent tous les jours pour pêcher, chargés de leurs lignes ainsi que d'un panier, et le remontent de même. Souvent, moyennant une légère rétribution, ils répètent cet exercice pour amuser ou plutôt effrayer les voyageurs. Le moindre faux pas leur deviendrait funeste ; car ils seraient infailliblement mis en pièces par les pointes dont est garni le rocher dans sa partie inférieure. Je n'ai pas entendu dire qu'aucun eût péri victime de sa témérité.

Est-il un exemple plus frappant des effets de l'éducation et de l'habitude ! Un soldat affronterait plutôt la bouche d'un canon que d'essayer de descendre ce rocher ; tandis que ceux qui y sont exercés dès leur enfance le franchissent sans la moindre crainte , quoiqu'ils n'osassent peut-être pas aborder la nuit un endroit qui aurait la réputation d'être fréquenté par des revenans.

Une très-belle vallée est interposée entre la montagne et le village de Cintra. Elle se nomme *Collares*, et pourrait être appelée *, avec raison, *la Vallée d'or ;* car c'est un des terrains les mieux cultivés et les plus riches du royaume. La majeure partie est plantée d'arbres fruitiers, et sur - tout d'orangers, qui , quoique contigus les uns aux autres au point que leurs branches s'entrelacent, produisent cependant quantité de fruits délicieux.

Les marchés de Lisbonne sont presque tous approvisionnés par cette fertile vallée. Les melons de toute espèce y sont si communs pendant la saison des chaleurs, que les habitans s'en procurent à moins d'un sou la pièce.

Carcavella fournit un exemple remar-

quable de la bonté du sol environnant,
li y existe un vignoble d'une très-petite
étendue, auquel ne saurait être comparé aucun de ceux du Portugal. Le
vin qu'il produit est très-connu dans
toute l'Europe ; mais je crois que c'est
plutôt son nom que l'on connaît que
lui, car il n'est pas possible qu'un aussi
petit enclos que celui d'où il est extrait,
rapporte la moitié du vin qui se vend
à Londres seul sous le nom *de Carca-*
vella ou *Calcavella*, comme on l'appelle
improprement.

Le Couvent de Liége.

Ce couvent ou cet hermitage est en
partie creusé entre les rochers qui servent de voûtes à l'église, à la sacristie,
au chapitre, etc. et en partie bâti au-
dessus. Les appartemens inférieurs sont
éclairés par des ouvertures percées obli-
quement dans le roc, et garnis de liége,
pour les préserver de l'humidité ; d'où

lui est venu le nom de Couvent de Liége. Il est habité par environ vingt hermites de l'ordre austère de Saint-François. Ils sont gouvernés par un prieur, et vivent principalement de poissons, de fruits et de pain. Chacun a sa cellule, de la grandeur d'un tombeau et fournie d'un matelas. Un de ces moines mort dernièrement, et nommé *Honorius*, trouvant ces cellules encore trop belles, s'établit dans une espèce de fosse circulaire pratiquée au fond de l'hermitage, et de la largeur à-peu-près du tonneau de Diogène ; car elle n'a que quatre pieds de diamètre. Il y termina paisiblement ses jours dans un âge avancé, et après un séjour de seize ans. Des feuilles étendues par terre lui tenaient lieu de lit ; on voit encore la pierre qui lui servait alternativement d'oreiller et de siége. Cet exemple d'austérité et d'abnégation de soi-même nous montre à combien peu de choses se réduisent les vrais besoins de l'homme,

N 4

en même temps qu'il nous prouve la vérité de ces vers de *Goldsmith* :

« De nos besoins, la sage destinée
» A limité le nombre et la durée ».

Un Portugais, célèbre par son goût pour la poésie, improvisa, pendant mon séjour à Cintra, quelques vers en l'honneur de ce pays délicieux. J'en offre ici une faible traduction.

Description de Cintra.

Cintra, tes monts altiers semblent braver les
    cieux,
La nature à tes pieds étale sa richesse,
Tes jardins, tes bosquets, tout enchante les
    yeux,
Le voyageur se croit transporté dans la Grèce.

D'un climat fortuné, d'un éternel printemps,
Le ciel te dispensa les biens inestimables ;
Tes fruits délicieux, tes troupeaux abondans
De l'âge d'or, pour moi, réalisent les fables.

Ici, l'amour heureux soupire son plaisir ;
Plus loin, l'écho redit le nom cher d'une
 amie (1) ;
Par-tout la rose s'ouvre aux baisers du zéphir,
Et l'homme s'abandonne au fleuve de la vie.

Penha - Verde.

Penha-Verde fut la résidence de don
Jean de Castro ; elle est aujourd'hui
celle de l'un de ses descendans. Ce grand
homme venait y passer les courts intervalles de temps dont la paix lui per-
mettait de disposer hors des camps ou
de sa flotte, et il les employait alternativement à l'étude et à la culture de
ses jardins. Pour prouver qu'il n'atta-
chait aucune vue d'intérêt à ses plan-
tations, il en fit abattre les arbres

______

(1) Ah ! puisse celle à qui j'ai voué depuis vingt ans
un attachement et une reconnaissance sans bornes, entendre tous mes vœux pour son bonheur et sa conser-
vation ! puissent ces vœux renouvellés chaque jour être
exaucés dans toute leur étendue ! *Souhait du traducteur.*

fruitiers pour leur en substituer d'autres de pur agrément.

La situation de Penha-Verde l'emporte sur tous les établissemens du Portugal de la même étendue, par la beauté et la variété des perspectives. Le pays de tous les côtés présente un assemblage de scènes vraiment pittoresques; ce sont des montagnes, des vallées parsemées de rochers, des bois et des eaux. On rencontre dans les jardins, de petits temples et des grottes. Les premiers renferment des autels aux pieds desquels don Jean allait souvent prier, devoir qu'il remplissait avec la plus grande exactitude, soit en guerre, soit en paix ; car il était persuadé, avec raison, que la piété n'est point incompatible avec le vrai courage. Cette résidence convenait parfaitement à un homme de son caractère. Habitué comme il l'était aux grandes impressions de la nature, soit en Europe, en Asie ou en Afrique, les rochers de Cintra ne pou-

vaient qu'entretenir en lui cet esprit
d'entreprise qui l'anima jusqu'à ses derniers momens.

Les actions mémorables de ce Portugais célèbre ont été recueillies par différens écrivains, et entr'autres par Hya-
cinthe Freyre de Andrade, qui a publié
une histoire de sa vie. Ils s'accordent
tous à dire qu'il mérite d'être placé au
rang des héros chrétiens. Un homme
qui, par ses principes et son exemple,
contribua autant aux progrès des vertus
publiques et privées, et qui a laissé à
la postérité les plus grands témoignages
de probité, de patriotisme et de courage,
mérite d'occuper une place plus digne
de lui que celle que je lui consacre dans
cet ouvrage. Le monument que je vais
élever à sa mémoire est formé en partie
des matériaux que j'ai extraits des meilleurs historiens portugais et en partie
de ceux qui m'ont été transmis verbale-
ment par les personnes les mieux instruites.

Don Jean de Castro.

Don Jean de Castro naquit à Lisbonne en 1500 d'une famille illustre. Il paraît que, dans sa jeunesse, il s'était livré avec succès à l'étude des mathématiques sous le célèbre Pierre *Nonnius*, un des plus habiles professeurs de ce temps. Jaloux de la gloire militaire de ses compatriotes, don Jean de Castro se décida à aller partager les lauriers qu'ils recueillaient alors à Tanger, devenu le théâtre des plus brillans exploits. Il s'échappa de la maison paternelle âgé de dix-huit ans, et parut bientôt après en Afrique dans les premiers rangs de l'armée. Sa valeur et ses talens lui méritèrent d'être fait chevalier sur le champ de bataille par don Édouard de Menezès, gouverneur de Tanger.

Après avoir servi neuf ans dans cette place, il retourna en Portugal, où il fut accueilli de son Souverain et de ses concitoyens avec toutes les marques de distinction dues à ses services. Persuadé qu'il n'avait fait que son devoir, il fut loin de s'enorgueillir de ces honneurs. Il se retira parmi les rochers solitaires de Cintra, non pour s'y reposer sur ses lauriers, mais pour se rendre encore plus digne de son pays en livrant son esprit actif et vaste aux études qui constituent un grand général.

Sa santé qui avait été très-altérée par les blessures et les fatigues commençant à se rétablir, il fut très-impatient de mettre à exécution les plans qu'il avait formés dans le silence du cabinet, et qui, pour la plupart, furent réalisés dans les différentes expéditions qui lui furent confiées sur mer.

La tranquillité rétablie en Afrique lui fournit l'occasion de déployer ses talens dans une autre contrée. Il partit pour l'Inde comme volontaire, et accompagna *Estevaon de Gama* dans son expédition à l'entrée de la mer Rouge. Le roi envoya des ordres au gouverneur de *Goa* de lui payer annuellement mille crusades pendant tout le temps qu'il resterait dans le pays ; mais don Jean refusa cette libéralité, pensant qu'il lui était plus honorable de vivre de sa médiocre fortune que d'être porté sur l'état des pensionnaires de la couronne.

Dans les intervalles de repos que procura cette expédition, don Jean fut employé à relever les baies et les côtes jusqu'à l'isthme de *Suez* et à en dresser des cartes. On dit qu'il fit des observations très-importantes sur la mer Rouge et sur la cause des inondations du Nil. Il les dédia, ainsi que plusieurs autres écrits composés dans le cours de son voyage, à son camarade d'études, don Louis, frère du roi.

Mais un fait qu'on lui attribue dans cette expédition, et qui peut-être n'est pas généralement connu, doit rendre son nom encore plus recommandable.

On dit qu'à son retour il apporta dans
sa patrie le premier oranger qu'on eut
encore vu en Europe, et d'où sont-pro-
venus tous ceux que nous y possédons
aujourd'hui. Quand il n'aurait rendu
que ce seul service à l'humanité, il lui
donnerait des droits à notre reconnaissance, et lui-même, quelque passionné
qu'il fût pour la gloire des armes, devait certainement regarder ce présent
fait à son pays comme la plus belle de
toutes ses actions.

Une objection se présente ici naturellement. On demandera pourquoi une
personne d'un mérite aussi distingué
que le sien, ne fut pas revêtue de quelque
commandement important en Asie.
L'historien de sa vie résoud ainsi la
question. «Alors, comme aujourd'hui,
» dit-il, les faveurs du Souverain ne
» s'obtenaient le plus souvent que par
» l'influence des favoris et des maî-
» tresses; et comme don Jean n'était
» point courtisan, et qu'il avait trop

» de fierté dans l'ame pour s'abaisser à
» solliciter les mignons de la Cour, il
» n'est pas étonnant qu'il en ait été
» long-temps négligé ».

Le temps arriva cependant où le roi, s'affranchissant des chaînes ministérielles, résolut de récompenser un brave et fidèle serviteur dans la personne de don Jean de Castro, qui ne lui avait jamais demandé la moindre grace, ni refusé en aucun temps de servir son pays. Sa majesté l'envoya chercher peu de temps après son retour de l'Inde, et le nomma gouverneur de toutes les colonies orientales du Portugal. Ce choix fut applaudi de la nation entière, et don Jean s'embarqua le 17 Mars 1545 pour aller prendre possession de son commandement.

Arrivé à la tête du gouvernement de l'Inde, il trouva d'innombrables difficultés à vaincre. Une guerre très-dispendieuse avait épuisé le trésor, et les troupes étaient tombées dans la débauche

bauche et la dissipation. Don Jean néanmoins ne perdit point courage. Il travailla aussi-tôt à réformer les différentes branches de l'administration civile et militaire, et il parvint en peu de temps à introduire l'économie dans l'une, la frugalité et la discipline dans l'autre. Il fut le premier à donner l'exemple des vertus et des privations qu'il venait de mettre à l'ordre du jour.

L'entreprise la plus difficile pour lui fût de rompre les habitudes dépravées des soldats. Il crut ne devoir y employer que l'émulation, et les autres moyens les plus analogues à la fierté du soldat. Il établit en conséquence parmi eux toutes les institutions propres à fortifier leur cœur, leur esprit et leur corps, entr'autres, des évolutions militaires, des courses de chevaux, la lutte, etc. Ainsi, on peut dire de lui qu'il fit revivre les jeux olympiques dans les plaines de *Goa*. Tous les momens de repos du soldat furent distribués avec

Tome II. O

économie, et don Jean lui assigna un temps pour nettoyer et polir ses armes, qui jusque-là étaient demeurées couvertes de rouille. Une armée rendue ainsi impassible à la fatigue et aux rayons d'un soleil brûlant, ne pouvait qu'être impatiente de voler aux combats. Sa tenue guerrière glaça chaque fois l'ennemi de terreur, et toujours la victoire se déclara pour elle. Quel contraste ferait aujourd'hui cette brave légion d'hommes hâlés par le soleil avec les Portugais modernes, qui n'estiment les hommes qn'à proportion de leur indolence, de la beauté de leur peau et de la blancheur de leurs mains.

De toutes les différentes batailles dans lesquelles notre héros se distingua, nous ne parlerons, pour abréger, que de celles qui contribuèrent le plus à sa réputation militaire, et qui furent relatives à *Diu*. Le roi de Cambaye, à la tête de toutes les forces de son royaume et assisté par une armée considérable du grand-mogol, mit le siége devant cette place. Le brave *don Jean Masceranhas* la défendit pendant plusieurs mois avec une poignée d'hommes contre l'ennemi, qui l'attaquait avec au-delà, dit-on, de cinquante mille hommes, et soixante piéces de canon de bronze. Le commandement de l'armée du Mogol avait été confié par lui à *Cogé Sofar*, le plus habile de tous ses généraux. Celui-ci, après avoir rangé ses troupes devant Diu, leur adressa le discours suivant :

« Amis et frères d'armes, il est presqu'inutile que je vous observe combien vous devez mépriser cette poignée de Portugais que vous avez en présence. Ils sont à peine cinq cents, et ils n'ont aucune possibilité de recevoir des renforts par terre, et l'hiver les prive de cet avantage par mer. Nos attaques multipliées les emploieront constamment sur leurs murs, soit à se défendre, soit à réparer les brêches faites par nos canons; la fatigue les accablera, et ils

finiront par y succomber ; car ils n'ont
pas un soldat de réserve. Considérez,
mes amis, combien il sera glorieux pour
nous d'humilier l'orgueil de ces inso-
lens chrétiens, les ennemis jurés de
notre prophète, et de venger le sang
de nos parens et de nos amis, dont
nous foulons ici les ossemens. Il me
semble les entendre du fond de leurs
tombeaux nous supplier d'une voix plain-
tive de purger la terre de ces hommes
impies, de ces barbares assassins du
grand *Badur* ».

Ce discours achevé, il expédia un
message au gouverneur de la forteresse
pour le menacer, s'il n'acceptait pas les
conditions qu'il lui offrait, de passer
toute la garnison au fil de l'épée. *Masceranhas* lui fit réponse, « que les Portugais n'étaient point accoutumés à recevoir des loix à main armée, et qu'il
n'entendrait à aucune proposition étrangère à ce qui avait été déjà réglé pour
Diu. Il ajouta que, si Cogé Sofar per-

sistait dans ses conditions, il se verrait peut-être réduit à en recevoir lui-même de pires, et tracées avec le sang de ses janissaires ».

Don Jean de Castro, qui était alors à *Goa*, ne perdit pas un moment pour préparer des secours aux assiégés. Il fit équiper neuf petits bâtimens, où il n'embarquerait, disait-il, que ses favoris. L'armement prêt, il manda son fils Ferdinand, qui n'était encore que simple soldat, et lui tint ce discours en présence des troupes assemblées :

« Je vous envoie avec ce renfort à *Diu* qui est assiégé par une armée de mahométans. Je vous ordonne de vous comporter comme un brave soldat, sans quoi je ne vous reconnaîtrai plus pour mon fils. Ne comptez sur aucun privilége de naissance ou de parenté ; car ressouvenez - vous bien que tous les hommes sont égaux, et que vous n'avez droit à quelque prééminence sur vos camarades, qu'en raison de votre valeur et de vos vertus. Qu'aucun d'eux ne vous surpasse donc en obéissance aux ordres de votre chef, en attachement pour votre Souverain, et en amour pour votre pays. Que la protection divine vous accompagne aux champs de l'honneur. Partez et revenez victorieux, ou qué je ne vous revoie plus ». Le but de cette harangue paternelle dans la bouche de don Jean était d'animer ses troupes et de courber l'orgueil de la jeune noblesse.

La flotte étant arrivée à *Diu*, il fut remis au gouverneur une lettre très-amicale de don Jean, où entr'autres il lui témoignait combien il portait envie à son poste glorieux, poste, selon lui, beaucoup plus honorable que la place de gouverneur de l'Inde. « Je vous envoie, lui mandait-il, avec ce renfort, mon fils Ferdinand, qui, j'espère, ne se laissera surpasser par aucun de ses camarades en affection pour votre personne, et en obéissance à vos ordres.

Si ce jeune homme revoit jamais son
pays natal , avec quel enthousiasme il
se vantera de l'honneur d'avoir servi
comme soldat sous le brave don Jean
Masceranhas. Quel noble et doux souvenir pour les jours de sa vieillesse » !

Aussi-tôt que les troupes furent débarquées , le gouverneur les assembla à
la parade , et leur parla en ces termes :

« Frères et amis, contemplez ces musulmans et leurs janissaires armés vainement pour recouvrer l'honneur de leur
nation , perdu dans le premier siége
contre cette place. Ils ne sont pas plus
nombreux que ceux qui furent vaincus ,
et nous ne le sommes pas moins que
leurs vainqueurs. Les braves Portugais
qui les défirent auraient - ils moissonné
et emporté toute la gloire au tombeau ,
et ne nous resterait-il plus rien à transmettre à la postérité? Non , mes braves
camarades ; prouvons à l'univers entier
que nous les égalons en bravoure. Nous
n'avons pas franchi un intervalle de

mer de cinq mille lieues pour devenir
esclaves des infidèles, et flétrir le nom
Portugais. Nous ne manquons de rien.
Nos approvisionnemens nous suffiront
jusqu'à l'arrivée de nouveaux secours;
et quoique la mer soit peu navigable
dans cette saison, n'avons - nous pas
un don Jean de Castro, qui certes n'hé-
siterait pas à s'élancer à travers les flots,
son épée entre les dents, pour venir à
notre aide? Quoi de plus digne d'en-
flammer notre courage, que la cause
glorieuse que nous défendons ! Nous
combattons pour l'honneur et l'intérêt
de notre pays et de notre roi, pour nos
propriétés , notre vie , celles de nos
femmes, de nos enfans, et, ce qui nous
est encore bien plus cher , pour notre
sainte religion. Point de quartier donc
à cette horde de barbares qui voudrait
nous ravir tous ces biens ineffables. La
victoire est à nous, si nous la secon-
dons ; car quelque petit que soit notre
monde , notre force est immense ; le

Dieu des victoires est à notre tête ».

Par ce discours et ceux qui les suivirent, don Jean Masceranhas réussit tellement à animer sa garnison, qu'elle fit des prodiges de valeur pendant les huit mois que dura ce siége opiniâtre. A la fin don Jean de Castro arriva, amenant avec lui toutes les troupes portugaises qu'il avait pu rassembler en Asie. La garnison de Diu se trouvait par-là forte d'environ quatre mille hommes, y compris les gens de mer et des volontaires. Don Jean de Castro résolut aussi-tôt de l'employer à faire lever le siége.

La veille du jour où il se proposait d'attaquer l'ennemi, il divisa le soir son armée en quatre colonnes, dont il donna les différens commandemens à don Jean Masceranhas, à son fils aîné don Alvarès de Castro, vétéran éprouvé, et à don Manuel de Lima. Il se réserva le commandement de la quatrième. Le lendemain à la pointe du jour, il fit célébrer au milieu de la place servant à la parade une messe publique, à laquelle il communia, ainsi que la majeure partie de la garnison. Ce service solemnel achevé, il harangua ses troupes avec la plus grande éloquence; et pour les convaincre qu'il ne leur restait plus qu'à vaincre ou à périr, il ordonna d'abattre les portes de la forteresse et de les brûler. Après que chacun eût repris son rang, et que le signal fût donné, la garnison s'élança l'épée à la main, et mit en déroute complette l'ennemi. On dit que cinq mille Maures périrent dans cette journée, ainsi que *Ramaçon* leur général, et plusieurs autres officiers de distinction. *Cogé Sofar*, père de Ramaçon, et *Juxarcaon* avaient été tués quelque temps auparavant. Un autre général de ce dernier nom fut fait prisonnier avec six cents hommes. Quarante piéces de canon et un grand nombre de drapeaux de diverses couleurs tombèrent entre les mains du vainqueur.

Un trésor considérable découvert par les soldats dans la ville fut livré au pillage.

Nous ne devons point oublier de faire mention d'une circonstance qui, en quelque sorte, détermina la victoire. Pendant l'engagement, le père *Casal*, aumônier de la garnison, accourut dans le fort de la mêlée, portant un crucifix à la pointe d'une lance et animant les soldats de la voix et du geste. La colonne sous les ordres d'Alvarès de Castro venait d'être enfoncée et culbutée ; en vain celui-ci cherchait à la rallier. Ce que ni les prières ni les menaces du général ne purent opérer, un prêtre l'effectua. Élevant le crucifix qu'une flèche avait atteint et renversé sur le côté, il s'écria d'une voix terrible : Sacrilège ! sacrilège ! soldats du Christ, vengez votre Dieu ! A ces mots, les soldats se rallient, foncent sur l'ennemi, et décident du gain de la bataille.

Cette importante victoire assura pour le moment la tranquillité des possessions portugaises dans l'Inde ; mais don Jean qui ne laissait jamais rien à faire au temps, s'empressa de profiter de l'avantage qu'il venait de remporter. Son premier projet fut de faire relever la citadelle que le canon ennemi avait détruite ; mais cette opération demandait de l'argent, et le trésor était épuisé ; lui-même n'avait pour tout bien que son casque et son épée. Après avoir eu recours vainement à plusieurs expédiens, il en imagina un qui paraîtra peut-être aujourd'hui très-singulier. Il résolut de mettre en gage, pour la somme qui lui était nécessaire, le corps de son fils chéri don Ferdinand, tué pendant le siége. Il ordonna en conséquence d'ouvrir son tombeau et de l'en retirer. Le corps exhumé, il le pressa contre son sein, et s'écria, en fondant en larmes : mon fils, mon Ferdinand, tu m'es cher jusque dans les bras de la mort ; mais le salut de mon pays me commande d'étouffer les sentimens de la nature. Comme au

contact de l'air le corps donna quelqu'indice de putréfaction, les officiers
qui accompagnaient leur général obtinrent de lui de le faire remettre en terre.
Don Jean envoya à sa place une partie
de ses propres moustaches aux habitans
de *Goa*, pour nantissement d'une somme
de vingt mille *pardaos*. Cet argent lui
fut aussi-tôt expédié, mais en pur don,
par un exprès que les habitans de *Goa*
avaient chargé d'une lettre pleine de
leur admiration pour son patriotisme.

L'esquisse que nous venons de tracer
doit suffire pour donner une idée du
caractère de ce grand homme. Nous
excéderions les bornes que nous nous
sommes prescrites, si nous entreprenions
de faire le récit de toutes ses belles actions. Nous nous hâtons d'arriver à la
scène qui termina sa glorieuse carrière.

La nouvelle de sa victoire étant parvenue au roi, ce prince ordonna de la
célébrer par une fête dans toute l'étendue du royaume. Le pape et plusieurs

souverains s'empressèrent de le féliciter; en un mot, la joie fut générale, à l'exception de la reine qui ne la partagea pas. Elle n'avait rien à objecter contre la victoire ; mais elle portait envie au vainqueur, parce qu'il avait été reçu en triomphe lors de son heureux retour à *Goa*. Sa majesté en avait conçu un tel ombrage qu'elle ne put s'empêcher de dire : « Don Jean de Castro combat en » chrétien, mais il triomphe en payen».

Ce grand homme dans ses lettres au roi lui demandait la permission de repasser en Europe, le priant en même temps, s'il était satisfait de ses services, de lui accorder deux acres de terre, ou plutôt de rochers, voisins de sa petite maison de Cintra. Le roi lui accorda la terre, mais lui refusa le congé, en exigeant de lui qu'il resta encore trois ans dans son commandement, tant ses services lui étaient agréables et nécessaires. Don Jean jusque-là n'avait eu que le titre de gouverneur de l'Inde ; la lettre du roi lui donnait ceux de *vice-roi et d'ami.* Il ne jouît pas long-temps de ces nouveaux honneurs. Il fut attaqué d'une maladie violente, et mourut en peu de jours entre les bras de son confesseur, dans la quarante - huitième année de son âge, et la troisième de son gouvernement.

Quelque temps avant sa mort, il fit assembler dans sa chambre les magistrats de *Goa* et les autres officiers d'État, à qui il remit tous ses pouvoirs ; après quoi il leur parla en ces termes :

« Je rougis presque de vous dire,
» magistrats du peuple, que le vice-roi
» de l'Inde, expirant de ses blessures et
» de ses fatigues sur ce lit de mort,
» manque même de ces secours que le
» plus simple soldat trouve dans un
» hôpital. Vous savez que, lorsqu'il a
» fallu combattre et réduire l'ennemi,
» je n'ai rien épargné pour faire triom-
» pher mon pays. L'ennemi aujourd'hui
» vaincu, et une paix honorable établie

» dans toutes nos possessions de l'Inde,
» un vieux soldat qui a si souvent con-
» tribué à vos victoires a quelque droit,
» je pense, à votre estime. Il est pro-
» bable que bientôt je ne serai plus;
» mais d'ici là je n'ai pas de quoi sub-
» sister, ayant employé jusqu'à mon
» dernier sou pour pourvoir aux besoins
» de mes frères d'armes : non, il ne
» me reste pas même dans ce moment
» de quoi acheter un bouillon. Je de-
» mande donc, que vous vous chargiez
» de me faire subsister, mais sans tou-
» cher aux revenus du roi. Je vous
» supplie aussi de me faire fournir une
» paire de draps, ainsi qu'un second
» matelas ». Alors, se soulevant avec
le secours de son confesseur, le véné-
rable *Xavier*, il étendit sa main sur
l'évangile, et jura qu'il venait de dire
la vérité. Il pria ensuite le secrétaire
du conseil de prendre note de sa déclaration pour la porter sur les registres
d'État, afin que, si elle était reconnue
fausse,

fausse, son nom et sa postérité fussent couverts d'infamie. Nous observerons que chaque mot de cette déclaration n'était malheureusement que trop vrai; car tout l'argent trouvé après sa mort dans son cabinet n'excédait pas un *vintem*, à-peu-près trois sous de notre monnaie.

Peu de jours avant de mourir, il demanda que son corps fût déposé dans l'église des cordeliers à *Goa*, pour être transféré par la première occasion dans la chapelle de sa petite maison de Cintra. Il n'avait cessé de soupirer après cette charmante retraite, où il espérait passer le soir de sa vie dans le calme de la méditation. Ce desir se manifeste dans une lettre qu'il écrivit après la levée du siége de *Diu*, à l'infant don Louis, pour le prier d'obtenir du roi son rappel. La réponse, pleine d'affection, de l'infant contenait cette phrase : « Après avoir rempli les intentions de » sa majesté, vous viendrez orner les

» sommets des rochers de Cintra des
» trophées de vos victoires, et y jouir
» en paix de votre gloire ». Les cendres
de ce grand homme reposent aujour-
d'hui dans le couvent des dominicains
à *Bemfica*, près de Lisbonne, où son
petit-fils a fait élever un monument à
sa mémoire, avec l'inscription suivante:

LATIN.

D. JOANNES DE CASTRO
XX. PRO RELIGIONE IN UTRAQUE
MAURITANIA STIPENDIIS FACTIS
NAVATA STRENUE OPERA THUNETANO
BELLO:
MARI RUBRO FELICIBUS ARMIS PENETRATO
DEBELLATIS INTER EUPHRATEM ET INDUM
NATIONIBUS.
GEDROSICO REGE, PERSIS, TURCIS
UNO PRAELIO FUSIS:
SERVATO DIO, IMO REIPUB. REDDITO!
DORMIT IN MAGNUM DIEM!
NON SIBI, SED DEO TRIUMPHATOR!
PUBLICIS LACRYMIS COMPOSITUS,
PUBLICO SUMPTU PRAE PAUPERTATE
FUNERATUS.
OBIT OCT. ID JUN. ANNO M. D. XLVIII.
ÆTATIS XLVIII.

FRANÇAIS.

DON JEAN DE CASTRO
APRÈS AVOIR EXPOSÉ SA VIE EN VINGT COMBATS
DANS LES DEUX MAURITANIES,
POUR DÉFENDRE LA RELIGION,
ET S'ÊTRE DISTINGUÉ SUR MER DANS LA GUERRE
CONTRE TUNIS;
APRÈS AVOIR PÉNÉTRÉ EN VAINQUEUR
DANS LA MER ROUGE,
DISPERSÉ LES NATIONS PLACÉES ENTRE
L'EUPHRATE ET L'INDUS,
DÉFAIT, EN UN SEUL COMBAT,
LE ROI GÉDROSICUS,
LES PERSANS ET LES TURCS,
ET CONSERVÉ OU PLUTÔT RECONQUIS *DIU*
A LA RÉPUBLIQUE,
REPOSE ICI DANS L'ATTENTE DU GRAND JOUR,
PLEIN DE CONFIANCE EN CELUI
AUQUEL SEUL IL RAPPORTA SES TRIOMPHES.
IL MOURUT LE 8 DES IDES DE JUIN
DE L'ANNÉE M. D. XLVIII,
AGÉ DE 48 ANS,
ET HONORÉ DES REGRETS DE LA NATION ENTIÈRE.
IL FUT ENTERRÉ AUX FRAIS DU TRÉSOR PUBLIC,
VU SON EXTRÊME PAUVRETÉ.

Inscription samskrite.

Ce monument est un des trophées obtenus dans l'Inde par don Jean de Castro. Il est placé dans son jardin à Cintra. Son excellence le chevalier de Sousa, Envoyé actuel à la Cour de Suède, m'apprend qu'il fut apporté de l'Inde, avec d'autres morceaux d'antiquité, par don Constantin de Bragance. Laffiteau attribue cette importation à Diègue *de Couto*.

Dans le même jardin, est une autre pierre avec une inscription dont les caractères ont été presqu'entièrement effacés par le temps. La partie supérieure représente le soleil et la lune. Au pied est sculptée en bas-relief la figure d'un homme aux prises avec un animal rampant. Près de ces pierres, repose sur un piédestal un centaure à qui il manque la tête et que j'ai trouvé d'un travail passable. Ces trois monumens sont les restes des curiosités apportées d'Asie.

On dit que plusieurs des voyageurs qui ont parcouru le Portugal ont copié quelques-uns des caractères de l'inscription samskrite, ou pris leur empreinte sur du plâtre de Paris ou de la cire. Feu le révérend M. Allen, chapelain de la factorerie anglaise à Lisbonne, avait transcrit la première et la dernière ligne, ainsi que celle du milieu. C'est l'extrait le plus étendu qui en ait été fait depuis son arrivée en Portugal, qui paraît dater de l'an 1566, jusqu'à la copie que j'en ai tirée en 1789, et que l'on trouvera à la *planche XII* de cet ouvrage.

Je crois devoir rendre un compte succinct aux antiquaires de la manière dont j'ai opéré. Mon procédé a été très-simple. D'abord, j'ai préparé autant de bandes de papier qu'il y a de lignes en tout, c'est-à-dire soixante-six. J'ai tiré sur chacune deux lignes parallèles, en laissant entr'elles un espace égal à la hauteur des lettres. Après avoir placé les bandes l'une après l'autre, immédiatement sous les lignes, et les avoir assujéties avec de la cire à chacune des extrêmités, j'y ai tracé avec un crayon noir les lettres correspondantes de l'original. Je sais qu'il existe plusieurs autres moyens, dont quelques-uns sont très-expéditifs ; mais je n'avais pas sous la main tout l'appareil qu'ils exigent, et en tout je doute que ces procédés soient moins sujets à erreur que celui que j'ai employé.

Les caractères de l'inscription sont très-beaux, très-nets, et parfaitement bien conservés. Ils ont chacun deux cinquièmes de pouce de haut ; l'espace entre chaque ligne est d'un quatrième.

J'ai observé fidèlement dans ma copie toutes les proportions quelconques de l'original. —

Les défauts que présente la pierre ne proviennent point en général des dégradations ordinaires du temps, mais des avaries sans doute qu'elle a reçues dans le transport. C'est une espèce de basalte très - dur, et d'une couleur tirant sur le noir. Quelques personnes croient que dans le principe elle était dorée , et je serais assez porté à le penser d'après un ou deux indices.

On avait regardé jusqu'ici la langue dans laquelle l'inscription est composée, comme appartenant à celle des Indous ; et le sens était resté toujours une énigme, quoiqu'on eût entrepris de l'expliquer sur les trois lignes copiées par le révérend M. Allen. On dit même que la version de celles-ci a été publiée par un professeur des langues orientales en Allemagne ; mais les renseignemens

qui me sont parvenus à ce sujet sont
trop imparfaits pour les mettre sous les
yeux de mes lecteurs. D'ailleurs, ils
sentiront aisément que ce n'est point
la traduction de quelques lignes isolées
qui peut donner l'intelligence de l'ensemble. Je me trouve trop heureux de
pouvoir la leur offrir ici, et de les ini-
tier dans le secret de cette inscription
qui a fait le désespoir, non-seulement
des Portugais , mais encore de celui de
tous les gens de lettres du reste de l'Europe pendant plus de deux cents ans.
Redevable de cette découverte à la
plume du savant et ingénieux M. Wilkins , dont les profondes connaissances
dans la littérature orientale honoreront
à jamais son pays, je m'empresse de lui
témoigner ici toute ma reconnaissance
pour la manière obligeante avec laquelle
il a entrepris un travail aussi pénible,
guidé par le seul motif de satisfaire la
curiosité du public.

Une traduction complette devenait difficile à faire, non-seulement à cause des dégradations de l'original, mais aussi par les fautes qui pouvaient m'être échappées en le transcrivant. Rien de plus judicieux que les observations de M. Wilkins à ce sujet, comme le lecteur sera à même de s'en assurer par la lettre suivante qu'il m'a adressée.

Hawkhurst, Kent, 20 Juillet 1793.

MONSIEUR,

Je n'ai pas eu peu de peines à déchifrer l'inscription. Vous verrez combien la plupart ont été inutiles par les lignes que j'ai laissées en blanc dans l'explication. Ainsi, je vous offre moins une version complette que le sens général du monument. Outre les difficul-

tés ordinaires, il m'en a présenté d'in-
surmontables par lui-même. Je vais prendre la liberté de vous en exposer quelques-unes. Par exemple, les caractères

sont continuellement employés les uns
pour les autres , ainsi que

, etc. Ceci ne peut qu'oc-
casionner une très – grande confusion.
Je trouve aussi le point simple ° et le
point double ° très-souvent omis ; et ils
sont tous les deux d'une grande importance dans le samskrit.

J'ai joint à l'explication mes conjec-
tures sur la mesure de chaque vers.

Le nom propre de l'inscription est
Sasana, qui signifie *loi, ordonnance,
réglement*. C'est la dénomination don-

née aussi à la pierre dans le contenu
de l'inscription.

Je reste,

    Monsieur,

        Votre très-humble et
        obéissant serviteur,

        G. WILKINS.

A Jacques Murphy, écuyer, à Londres.

____

Explication d'une inscription écrite en langue samskrite, et dans le caractère de Déva-Nagaree, fournie par Charles Wilkins, écuyer.

Hommage au Dieu *Seeva.*

Vers 1. Sens très-obscur.

2. Très-énigmatique. Un certain prince dispense des bénédictions nuit et jour.

3. Louanges de la personne dont le nom est contenu dans le verset suivant. L'éloge porte qu'elle est heureuse et riche par la faveur du dieu *Seeva*, qui est appelé ici *Kapardee;* que sa bonne fortune plaît extrêmement au dieu qui n'a qu'une seule *défense*, la félicité des trois régions du monde, de la race de l'ennemi de la divinité incorporelle par laquelle il fut créé (*Ganésa*, le dieu de la Prudence et de la Politique, le fils de *Seeva* (le Temps), l'ennemi du dieu d'Amour).

4. Une partie de ce vers est inintel-

ligible. Une personne du nom de *Veeswa Malla* est représentée comme l'ornement de la majesté royale, et comme un roi victorieux, illustrant la race de *Ooloo'kya*. Son administration découle, par une centaine de canaux sans fin, de la première source du réservoir de la continence.

5. Une partie est illisible. Ce vers paraît avoir rapport encore à *Veeswa Malla*, et au déracinement de l'arbre d'abondance, non par la foudre, mais par le moyen d'une certaine personne de l'ordre militaire, dont le nom était *Rajanarayana*.

6. Le seigneur *Vedya Natha*, qui fait l'ornement de toute la terre, dont l'autorité est employée à adoucir les maux auxquels elle est exposée, et qui la porte dans son cœur. Le second hémistiche est inintelligible.

7. Ce Vedya Natha avait une femme, nommée *Nagalla Devee*, d'une forme semblable à celle de la déesse Sree, et de laquelle le Raja eut des

enfans qui furent lla terreur de ses ennemis.

8. Le sens de ce vers est en général obscur. *Bhooja - Pratapa*, le plus jeune frère de *Pratapa-Malla*, prend possession du gouvernement par force.

9. Dans le premier hémistiche *Veeswa Malla* met à sa place le fils de *Pratapa Malla*. La seconde partie du vers est imparfaite. Elle a quelque trait à la participation de *Veeswa Malla* à la nourriture divine, ainsi qu'à l'eau de l'immortalité qui porte le nom de sa femme.

10. Vers très - obscur, et en quelque sorte imparfait. *Arjoona* qui est représenté comme un jeune homme d'une habileté extraordinaire, y est appelé *Arjoona Deva*.

11. Il porte dans sa main l'empreinte d'une roue. Il fut le protecteur de son peuple. Vers difficile à entendre.

12. Son parent, *Soranga Deva*, défait les chefs de *Goojara*, qui sont représentés comme victimes de l'or-

gueil que leur inspiraient leurs richesses.

13. Il est célébré comme ayant été
victorieux dans une bataille entre
les généraux *Yadava* et *Malava*, et
on le compare à l'aigle de *Weeshnoo*,
lequel dans la fable de l'éléphant et
de la tortue disputant entr'eux de
prééminence, fond dessus et les
enlève.

14. Son fils *Nakoolee*, semblable à une
divinité, descend d'en-haut pour
servir la race humaine :

15. Et en même temps pour délivrer
la race d'*Oolookya* qui gémissait depuis long-temps sous la malédiction
d'un père.

16. Quatre personnages inspirés, dont
les noms sont *Kooseeka*, *Garggya*,
Karoosha et *Matreya*, descendent
sur la terre pour accomplir certaines
cérémonies appelées *pasoopeta-
vrata*, et confiées à leur ministère.

17. Le sens n'est pas très-clair: Rendu
humble par un saint personnage, il
devint l'ornement du monde qu'il
entoura de quatre mers. Il manque

quelques syllabès au premier pied.

18. Ce vers est pareillement défec-
tueuxet obscur. On y parle d'une
certaine famille qui a joui de la
faveur de quatre saints personnages
issus de la race de *Garggeya*,
source d'une infinité de grands
hommes.

19. Le premier hémistiche porte qu'une
personne du nom de *Karteeka-Rasee*
fut le libérateur de la famille Garggeya, et gouverneur de la place.
Le second hémistiche est imparfait.

20. Vers imparfait et très-inintelli-
gible. *Valmeekee Rasee* paraît y être
annoncé comme le successeur de
Karteeka-Rasee.

21. Le prince est de-là comparé au
dieu *Treepoorantaka*, et plusieurs
autres grands hommes à des dieux
différens ; et le vers porte que ceci
est consacré sur une pierre.

22. *Treepoorantaka* est représenté
comme le disciple, ou plutôt, peut-
être, comme le successeur de *Valmeekee Rasee.* La plus grande partie
de ce vers est très-obscure.

23.

23. Ininteligible.

24. Défectueux. Il est relatif à l'exécution d'un pélerinage.

25. Idem. Idem. Idem.

26. Idem. Idem. Idem.

27. Idem. Idem. Idem.

28. Idem. Idem. Idem.

29. Idem. Idem. Idem.

30. *Treepoorantaka* réfléchit sur la bonté du dieu *Rama*; il visite *Lanka* et la chaussée ou le pont qu'on suppose avoir été construit pendant les guerres de *Rama* et de *Ravana* entre l'isle de *Ceylan* et le continent.

31. Très-embrouillé. Visite faite par *Treepoorantaka* à un autre lieu saint.

32. Visite à la rivière *Saraswatee* et à celle de *Prayaga*.

33. Visite à la ville du dieu qui porte un croissant, dont il fait l'ornement (*Benarès*).

34. L'illustre *Ganda Vreehaspatee*, en vertu des ordres de *Treepoorantaka* à lui signifiés par un *Bramine*, y bâtit une ville magnifique.

35. *Treepoorantaka*, jugeant qu'il par-

Tome II. Q

viendrait à achever de s'immorta-
liser par la pureté de ses actions,
s'applaudit de cette idée. Ce vers
n'est pas clair.

36. Vers très-imparfait et obscur. Il
contient en substance que le célèbre
Treepoorantaka doit être compté
au nombre des rois issus de la
race des dieux qui illustrèrent le
trône, etc. etc.

37. Obscur. Il répand des dons magnifiques sur une personne dans la
détresse.

38. Très - embrouillé. Il porte que
Rama, soit par sa femme, soit par
sa fortune, fit l'ornement du monde.

39. Très - énigmatique. Les intelli-
gences célestes qui se plaisent à fo-
lâtrer dans les atômes de lumière
provenans de la feuille enivrante du
ketakee dont est composée la couronne de la déesse *Sareswatee*, ont
paré les femmes des huit points de
la terre des vertus les plus brillantes.

40. Par cet homme sage (il fait allusion à *Treepoorantaka*) furent fondés pour des holocaustes appelés

ayatanas, cinq temples au nord du *Madapa* (Sarai) de l'ayatana de *Someswara*, près de l'ancienne horloge de *Sree Bhajee*, et sous la protection des cinq gloires de *Sree Kanta*.

41. L'homme doué de la magnificence infinie des grands esprits, qui, pour le bonheur de la dame de *Malhana* (1), y plaça le seigneur de Malhana.

42. L'homme sage dont les actions répondent à celles du premier âge, qui établit là un *ayatana* pour le mari d'*Ooma*, nommé *Ganda Vreeshapatee*.

43. Qui, présidant à la renommée des grands hommes, éleva *Vreeshapatee*, le mari d'*Ooma*, pour faire le bonheur de celle-ci.

44. Ici le mari de *Rama* est appelé le seigneur *Treepoorantaka Rameswara*, qui est son nom propre, nom favori du protecteur de la belle *Treepooranteeka*.

---

(1) C'est peut-être le nom de l'endroit.

45. L'être dont le diadême est un croissant, et qui est placé au milieu des cinq *ayatanas*, la déesse de *Saraswatee*, le dieu qui exauce nos desirs (*Ganesa*) et...... Suivent plusieurs autres noms illisibles.

46. Celui qui éleva une colonne en-dehors de la porte nord de la ville. Ce vers semble très-incorrect.

47. Une personne du nom de *Jagannatha Kolanee* attachée au service journalier des dieux.

48.
49.
50.
51.
52.
53.
54.
55.
56.
57.
58.
59.
60.
61.
62.

Tous ces vers ont rapport à une variété de devoirs à remplir dans les temples aux holocaustes prescrits, et à l'entretien des autels pour les oblations, etc. etc.

63.
64.
65.
66. } Idem.
67.
68.
69.

70. Il fonda un *ayatana* pour l'usage de *Chatoorjatakapata,* parce qu'une porte avait été brisée et renversée.

71. Il fit construire cette ville sainte , et ériger ce *Sasana* (ou cette table des loix) de son bien légitimement acquis.

72. Il bâtit la charmante maison de *Sree* dans le milieu de l'*ayatana*, et y plaça un tableau de sa généalogie divine , pour la gloire de l'illustre *Ganda-Ranaka-Vrehaspatee* et de *Saranga-Bhoopatee.*

73. Un vers très-dur , long de quatre pieds de quatorze syllabes chacun , et totalement inintelligible.

74. Idem. Idem.

75. Idem. Idem.

76. Idem. Idem.

77. Dans l'année de l'ère de Sree

Veekrama, *1343*, le *5* de la nouvelle lune du mois de *magha* (1), le grand jour des solemnités prescrites en l'honneur de *Leenga* (Priape), et au sein de l'assemblée.

Remarques sur les espèces de vers dont le Sasana est composé.

1. Un vers de quatre pieds , appelé *arya*.

2. 4 pieds de 14 syllabes chacun, appelé *vasantateelakam*, et formé comme il suit :

longues brève l.　　　b.　　　l.　　b.　　l. b. l. l.
— — ‿ — ‿ ‿ ‿ — ‿ ‿ — ‿ — —

3.
4. } Même mesure.
5.

6. 4 pieds de 19 syllabes chacun, appelé *sardoolaveekreereeta* , sous la forme suivante :

— — — ‿ ‿ — ‿ — ‿ ‿ ‿ — — — ‿
— — ‿ —

----

(1) Décembre A. D. 1286.

7. 4 pieds de 11 syllabes chacun, ainsi scandé :

— — ◡ — — ◡ ◡ — ◡ — —

Cette espèce de vers est appelée *Eendravajra*.

8. Idem. Idem.

9. Idem. Idem ; mais incorrect.

10. De même que le second ; la syllabe त manquant dans le premier pied.

11. Idem. Idem.

12. Idem. Idem.

13. Espèce curieuse de vers, nommée *arya*. Elle exige pour sa composition que la quantité du premier et du troisième pied soit égale à 12 syllabes brèves, celle du second à 18, et la quantité du quatrième à 15.

14. 4 pieds de 19 syllabes. Ce vers paraît très-incorrect.

15. 4 pieds de 12 syllabes. Il est appelé *venastabeela* :

◡ — ◡ — — ◡ ◡ — ◡ — ◡ —

16. De même que le treizième.

17. Vers de l'espèce la plus commune ; on le nomme *onooshtoopa*, et il

comporte 4 pieds de 8 syllabes chacun. La règle demande que la première syllabe de chaque pied soit brève, la septième du second et du quatrième pied pareillement brève, et la sixième de chaque pied, longue.

18. Idem.

19. 4 pieds de 11 syllabes chacun, et semblable pour le reste au dix-septième. Imparfait d'ailleurs.

20. Comme le second.

21. Idem.

22. Comme le dix-septième.

23. Comme le second.

24. Difficile à spécifier ; beaucoup de syllabes manquent.

25. Comme le dix - septième. La plus grande partie des syllabes du second et du troisième pied manquent.

26. Idem. 5 syllabes manquent dans le troisième pied, et 3 dans le quatrième.

27. Vers de 11 syllabes, dont la troisième, la sixième, la septième et la neuvième sont brèves. Il manque 7 syllabes dans le quatrième pied.

28. Vers de 14 syllabes par pied. 7 syl-

labes manquent dans le quatrième
pied.

29. Vers de 11 syllabes. 4 syllabes
manquent au dernier pied.

30. Idem. Il est scandé ainsi qu'il suit :

$$\smile - \smile - - \smile \smile - \smile - -$$
$$- - \smile - - \smile \smile - \smile - -$$
$$\smile - \smile - - \smile \smile - \smile - -$$
$$- - \smile - - \smile \smile - \smile - -$$

31. Vers de 14 syllabes, et semblable
au second.

32. Vers de 11 syllabes par pied.

33......de 12.

34......de 8.

35......de 11.

36......de 19........Semblable au
sixième.

37. Vers de 12 syllabes. Comme le
quinzième.

38. Vers de 11 syllabes. Formé comme
il suit :

$$- \smile - \smile \smile \smile - \smile - \smile -$$

et appelé *rathodhata*.

39. Vers de 12 syllabes. De l'espèce
du quinzième.

40. Vers de 14 syllabes. Idem du
second.

41. Vers de 8 syllabes. Paraît incorrect.

42. Vers de 8 syllabes.

43......de 8.

44......de 12.........De l'espèce du
quinzième.

45. Vers de 11 syllabes. Idem du trente-
huitième.

46. Vers de 11 syllabes. Idem.

47......de 8 syllabes.

48......de 8.

49...... semblable au premier et au
treizième.

50. Vers de 8 syllabes.

51......de 8.

52......de 8.

53......de 8.

54......de 9......Semble imparfait.

55......de 8.........Imparfait.

56......de 8.........Idem.

57......de 8.........Idem.

58......de 8.........Idem.

59......de 8.........Idem.

60......de 8.........Idem.

61.... .de 8.

62......de 8.

63......de 8.

64. Vers de 8 syllabes.

65......de 11 syllabes par pied, et appelé *saleence*.

66. Vers de 11 syllabes. De l'espèce du septième.

67. Vers de 8 syllabes.

68......de 12...... Appelé *Eendra-vansa*, ainsi scandé :

— — ◡ — — ◡ ◡ — ◡ — ◡ —

69. Vers de 11 syllabes. Scandé comme il suit :

◡ ◡ ◡ — — — ◡ ◡ — ◡ — — —
— — ◡ — — ◡ ◡ — ◡ — —
◡ ◡ ◡ — — ◡ ◡ — ◡ — —
— — ◡ — — ◡ ◡ — ◡ — —

70. Vers de 8 syllabes.

71......de 14........ De l'espèce du second.

72. Vers de 14........Idem.

73......de 14........Idem.

74......de 14........Idem.

75......de 14........Idem.

76......difficile à désigner, étant im-parfait.

La conclusion est en prose.

N. B. *Les vers ne commencent pas à la ligne ; ils sont distingués par des nombres.*

Mafra.

C'est le nom d'un établissement magnifique, contenant une église, un palais et un monastère. Il est situé dans un lieu écarté et froid, à environ dix-neuf milles à l'ouest de Lisbonne. Jean premier le fonda en 1717.

D'après sa forme et sa grandeur on pourrait l'appeler l'*Escurial* du Portugal, et il paraît que le fondateur avait pris pour modèle l'établissement espagnol; mais celui-ci occupe plus de terrain, et si les trésors qu'il a coûtés avaient été appliqués à un meilleur plan, il aurait sans contredit offert une masse de bâtimens supérieure à l'*Escurial* en fait d'architecture. Malheureusement l'architecte n'avait ni un esprit pour concevoir, ni une main pour exécuter, je ne dis pas le plan d'une basilique ou d'un palais, mais même celui d'une simple cabane.

Cet homme s'appelait Fréderic *Ludovici*. Il était allemand et orfévre de sa profession. Après avoir amassé une fortune considérable à faire tous les ouvrages d'or et d'argent de l'église patriarchale, un des ministres de sa majesté sur qui son argent fit beaucoup plus d'effet que ses talens, lui procura l'entreprise de cet établissement, sous le titre spécieux d'architecte.

L'édifice a la forme d'un quarré oblong, comportant sept cent soixante pieds de l'est à l'ouest, et six cent soixante-dix du nord au sud. Dans le centre de la façade occidentale est une espèce de portique d'ordre ionique conduisant à l'église. A chaque côté se trouve un pavillon, le premier pour la famille royale, et l'autre pour le patriarche et son chapitre. Le fond de l'édifice est occupé par un monastère composé de trois cents cellules. Il y a aussi un collége institué en 1772 par Joseph Ier. Don Joachim de *Assumpçoa*, qui y enseigne les mathématiques, nous montra très-obligeamment le dépôt de tous les instrumens de sa profession. La bibliothèque a trois cent quatre-vingt-une palmes de long sur quarante-trois de large, et contient quarante à cinquante mille volumes.

Le maître-autel est formé de deux grandes tables de marbre blanc, d'un poli si parfait que Jean V s'en servait comme de glaces avant d'en faire présent à cet établissement. On compte parmi les autres ornemens cinquante-huit statues de marbre de Carrare, dont quelques-unes sont très-bien exécutées. On peut se faire une idée de la grandeur de tout l'édifice par le nombre de ses appartemens qui s'élève à huit cent soixante - six. Les portes et les fenêtres montent à cinq mille deux cents.

Cette masse énorme est voûtée. Au-dessus règne une plate-forme ornée de pavillons, et au moyen de laquelle on peut se promener tout autour du sommet de l'édifice. J'y ai observé plusieurs énormes quartiers de pierre fendus par la foudre. On a placé des conducteurs dans les endroits où ces accidens sont arrivés; mais point ailleurs. Les jardins situés sur les derrières sont très-étendus et enrichis de beaucoup de plantes étrangères, que le fondateur fît exporter à grands frais des possessions portugaises en Asie, en Afrique et en Amérique. Nous renvoyons le lecteur pour se procurer de plus grands détails sur cet établissement, à la description que le père Jean de *Prado* en a publié à Lisbonne dans l'année 1751.

Instruit par l'évêque de *Béja* qu'il avait été découvert depuis peu des antiquités romaines dans son diocèse et près de cette ville, je me déterminai à y faire un voyage, ayant le projet en même temps de visiter la ville d'Evora qu'on m'avait dit renfermer quelques monumens curieux.

Je partis en conséquence de Lisbonne

le 9 d'Octobre 1790, et j'arrivai le soir à *Alde - Galega*, petit village situé à l'est du Tage. Le lendemain, sur les deux heures, j'entrai dans *Sétuval*.

Sétuval.

C'est une ville célèbre par ses manufactures de sel. On dit que son port, après celui de Lisbonne, est le meilleur du Portugal. Il est même plus abrité que ce dernier, et d'un moins difficile abord ; mais il lui cède en étendue. On porte la population de cette ville à dix mille ames.

Malgré le commerce que fait Sétuval et sa correspondance journalière avec Lisbonne, il n'existe pas une perche de grand chemin entre les deux villes éloignées l'une de l'autre d'environ six lieues. A l'exception des voyageurs habitués à faire le trajet qui les sépare, il devient difficile à tout autre de ne pas s'égarer. On est donc obligé de prendre

un

un guide, ou, ce qui revient au même, une des mules employées ordinairement à ces voyages.

On dit que, dans une église voisine de cette ville, il se trouve plusieurs bons tableaux de Henri - Corneille *Vroom*, célèbre peintre de marine hollandais. Cet artiste s'étant embarqué en Hollande avec l'intention de se rendre en Espagne, fut jeté par une tempête sur la côte de Portugal où son vaisseau se brisa. Parmi les débris apportés sur le rivage par les flots, furent découvertes quelques caisses de tableaux que l'on transporta dans un couvent voisin. Bientôt après, *Vroom* et un petit nombre de ses malheureux compagnons qui s'étaient sauvés sur les rochers, eurent le bonheur d'être conduits au même couvent. Les moines qui avaient été enchantés des tableaux, le furent pareillement d'en posséder l'auteur. Ils l'accueillirent avec toute l'hospitalité possible, ainsi que ses camarades; et

Tome II.   R.

après les avoir pourvus de hardes et d'argent, ils les envoyèrent à Lisbonne. *Vroom*, en témoignage de sa reconnaissance de leurs bienfaits, retourna à *Sétuval*, et y composa plusieurs tableaux dont il leur fit présent.

Je m'embarquai de cette ville sur un paquebot, et fis voile pour la rivière *Cadaon*. C'est sur les bords de cette rivière qu'est manufacturé tout le sel exporté de *Sétuval*. Une fois préparé, on en forme des meules que l'on recouvre de pailles ou de joncs pour les préserver de la pluie. Quelque considérable que soit la quantité qui s'en fabrique dans cet endroit, elle n'est rien en comparaison de celle qu'on pourrait y manufacturer. La rivière de *Cadaon* est si étendue et si bien située pour ce commerce qu'elle pourrait approvisionner toute l'Europe de sel ; et le sien est reconnu pour être supérieur à tous ceux d'Espagne, de Sardaigne et de France.

Nous atteignîmes sur les dix heures

du soir *Alcacer do Sal*, petite ville distante d'environ six lieues de *Sétuval*. Son principal commerce consiste en sel et en poisson, dont les habitans fournissent la plus grande partie de la province d'*Alanteju*. Le pays produit des joncs d'une espèce particulière, avec lesquels on fait des nattes, des chaises, etc. Il ne rapporte que peu de bled, et le vin qu'on y récolte est blanc et d'une qualité inférieure.

Dans le temps que les Romains étaient maîtres du Portugal, les plus riches d'entr'eux qui habitaient *Béja*, *Evora*, etc. venaient passer l'été dans cette petite ville. Ils y avaient des maisons de plaisance et des bains, ainsi qu'un temple dédié à la déesse *Salacia*. Auguste en fit une ville libre. Les Maures l'occupèrent depuis l'année 713 jusqu'à l'an 1270, époque où Alphonse second les en chassa entièrement, après avoir couvert la ville de ruines.

Je descendis à une auberge appartenant à un particulier qui remplissait une place de quelqu'importance sous le premier magistrat de l'endroit. Il me servit à souper tout ce qu'il pouvait avoir de meilleur, tels que bœuf, légumes, œufs, une bouteille d'un joli vin, et abondance de fruits, comme grenades, olives, raisins et melons musqués. Jamais hôte ne desira plaire davantage à un homme qu'il voyait pour la première fois, et qu'il ne devait pas s'attendre à revoir davantage. Il ôta son épée et s'assît à mes côtés pendant que je soupais, tantôt prenant du tabac, tantôt frédonnant quelques airs qu'il accompagnait de sa guittare. Le lendemain matin, après avoir loué une mule et un guide pour moi, il me présenta ma carte. Elle se montait, le souper, le vin, le lit, etc. compris, à deux *testoons*, c'est-à-dire à environ trente sous de France. Je distribuai le reste de la *crusade* à ses enfans, et il fut si enchanté de cette marque d'attention et

de libéralité de ma part, qu'il me dit :
« *Monsieur, si vous repassez jamais*
» *par cette ville, moi et ma maison,*
» *nous serons entièrement à votre*
» *service* ».

21 *Octobre*. Je traversai dans la matinée un pays qui présente des perspectives qu'un dessinateur m'aurait enviées; perspectives dont la beauté pittoresque eût été digne du pinceau d'un *Salvator Rosa*. C'étaient des montagnes, des rochers escarpés, des vallées profondes, arrosées d'une eau limpide et plantées de chênes et de pins. Par-ci, par-là une ferme, un collége, un troupeau, des travailleurs animaient et embellissaient la scène, à qui il ne manquait que de belles ruines pour compléter le tableau d'un grand peintre. Il est bien extraordinaire que des scènes aussi intéressantes n'encouragent pas les artistes portugais à se livrer à l'étude du paysage. Cette branche des beaux arts est totalement négligée dans ce pays; du

moins n'ai-je pu y rencontrer ou découvrir quelqu'un qui s'y livra.

Vers le soir nous pénétrâmes dans un pays plat sans culture, sans habitans, et dont la terre probablement n'a pas été sillonnée depuis des siècles par le soc de la charrue. Nous nous égarâmes dans ce désert. Mon guide, après être resté assez long – temps incertain sur l'aire de vent que nous devions parcourir, car il n'y avait nulle trace de chemin, finit par me prier de descendre de ma mule, lui ôta sa bride et la poussa devant nous. Nous suivîmes ainsi l'animal qui nous remit dans la bonne voie. Bientôt après nous rencontrâmes une troupe de voituriers qui allaient à *Béja*. Mon guide s'étant arrangé avec l'un d'eux, me confia à ses soins pour le reste du voyage, et s'en retourna chez lui.

A cinq heures, nous fîmes halte devant un puits. Les voituriers tirèrent alors de l'eau pour leurs mules dans des

sceaux de cuirs dont ils étaient munis
à cet effet, ainsi que de cordes. Tout
auprès, au pied d'un chêne, était un
gardeur de cochons, assistant au souper de son troupeau pour lequel il venait de cueillir des glands. Une jeune
fille qui l'accompagnait faisait rôtir de
ces fruits pour leur propre repas, tandis
que de son côté il s'amusait à jouer
d'une petite flûte.

Pendant le reste de la soirée, nous
rencontrâmes plusieurs bandes de porcs
occupés à pâturer de l'herbe et des
glands. De-là provient sans doute l'excellence du lard de Portugal, si estimé
dans toute l'Europe. La chair d'animaux ainsi nourris doit l'emporter certainement en saveur et en salubrité sur
celle de nos cochons des villes ou de
nos ports de mer.

Les six dernières lieues de ma course
de la journée ne m'offrirent ni village,
ni même de maison. Le jour comme la
nuit, tout y est solitaire et calme. Le

pays ne paraissait avoir d'autres propriétaires que les gardeurs de cochons
qui en disposaient tout à leur aise ; et,
si le silence de la nature y est par fois
interrompu , ce n'est que par les gro-
gnemens de ces animaux. A neuf heures,
nous découvrîmes une lumière sur une
montagne voisine. Elle provenait d'une
hôtellerie isolée où nous passâmes la
nuit.

Il y avait peu de temps que nous l'ha-
bitions, lorsqu'il y arriva deux jeunes
franciscains de Cadix qui allaient à Lisbonne faire leur noviciat. Ils avaient
l'air très - fatigués, voyageant à pied
conformément à la règle de leur ordre.
C'est ce qu'ils appelaient *monter la
mule du capucin.*

De toutes les auberges que j'avais
rencontrées jusque - là, celle - ci était
sans contredit la plus mauvaise. Il ne
s'y trouvait que du pain et de la pi-
quette ; et cependant nous mourrions
tous de faim et de soif. Pour mon

compte, je n'avais rien pris depuis six heures du matin, mes provisions s'étant gâtées par la grande chaleur du jour. Tandis que nous délibérions sur les moyens d'alléger nos souffrances, notre hôte entra chargé de deux gros lièvres qu'il venait de tuer avec un mauvais fusil de chasse, et par-là mit fin à nos inquiétudes.

Ce secours inattendu et l'espoir d'un bon repas ranimèrent nos jeunes moines, qui furent persuadés que c'était un envoi que leur faisait la providence. Leur bonheur, quoiqu'il en soit, fut de courte durée ; l'espérance s'évanouit, et ne leur laissa que le regret de s'être trop flattés d'avance. Voici ce qui occasionna leur désespoir. Le plus âgé des deux s'était approché de la cheminée où les deux filles de l'aubergiste faisaient cuire les lièvres qu'elles avaient coupés par quartiers et mis dans un pot de terre placé sur un trépied. Ces filles, jeunes et jolies, avaient tenté le disciple de Saint-

François, qui, plein de vigueur et de jeunesse comme le frère Jean de *Rabelais*, s'amusait à faire l'amour à l'une d'elles, quoiqu'il n'eût que l'air de dire dévotement son chapelet. Bref, le trépied fut renversé, et entraîna dans sa chûte et pot et lièvres, qui couvrirent bientôt le plancher de leurs débris.

Il ne nous restait plus qu'à nous coucher sans souper comme les *Lapons*; mais malheureusement l'endroit qu'on nous avait destiné pour passer la nuit n'était pas des plus commodes. Il consistait en un petit cabinet ouvert sur le derrière de la maison, où l'on avait étendu par terre une natte pour chacun de nous. Mon muletier m'avertit de me tenir sur mes gardes, parce que les loups infestaient le voisinage. Il m'ajouta qu'il aurait bien desiré me faire compagnie, mais qu'il ne pouvait se déterminer à renoncer à un bon lit qu'il s'était arrangé dans l'écurie avec ses sacs. Je dormis néanmoins d'un sommeil très - profond dans ce cabinet ouvert, ayant mon épée nue auprès de moi. A quatre heures on m'éveilla pour partir.

22 *Octobre.* Quoique je n'eus pas ajouté beaucoup de foi à ce que le muletier m'avait dit, la nuit, des loups du voisinage, je fus parfaitement convaincu dans la matinée de la vérité de son rapport. A peine avions - nous quitté l'auberge, que nous découvrîmes un de ces animaux à la distance d'environ trois cents verges. Il s'arrêta en nous appercevant ; mais il s'enfuit, bientôt, aux cris et aux pierres des muletiers. Un fort chien nous en eût rendu bon compte.

Béja.

Nous arrivâmes à une heure dans la ville de *Béja*, où je m'empressai d'aller porter les lettres de recommandation que son évêque avait eu la complaisance de me donner à mon départ de Lisbonne. Son secrétaire me dit qu'il avait ordre de me loger dans le palais, et de me procurer tout ce qui dépendrait de lui pour faciliter le but de mon voyage.

Béja est situé sur une éminence dans la province d'*Alenteju*, à la distance d'environ vingt-trois lieues au sud-est de Lisbonne. Jules-César en fit une colonie romaine, et l'honora du titre de *Pax Julia*. Les Maures l'ont possédé depuis 715 jusqu'en 1162. Il reste encore de ceux-ci des murs, des tours, des fortifications ; mais rien du premier. La plus grande partie de la ville, telle qu'elle est aujourd'hui, fut bâtie sous Alphonse III. Béja renferme un des châteaux les mieux construits du royaume. Il eut pour fondateur le roi *Dionis*. A deux lieues de cette ville est la *Guadiana*, rivière célèbre qui depuis le village d'*Argumasilla* jusqu'à la ville de *Daymiel*, c'est-à-dire pendant un espace de sept lieues, décrit son cours sous terre. L'ancienne ville de Béja était située à l'est et à très-peu de distance de la nouvelle. En y creusant dernièrement, on a trouvé plusieurs fragmens antiques. Il est très à regretter que les fouilles aient été discontinuées. Ni les difficultés, ni la dépense ne sauraient être bien grandes ; car le pavé de la ville ancienne n'est pas à plus de vingt-six pieds au-dessous de la surface de la terre. Un spéculateur qui se chargerait de l'entreprise, en retirerait probablement de gros bénéfices, à en juger par les découvertes déjà faites. En effet, dans une excavation qui comporte tout au plus trente pieds quarrés sur vingt de profondeur, on a recueilli un grand nombre de monumens qui sont déposés avec d'autres antiques dans le muséum de l'évêque de *Béja*. Les articles représentés dans les *planches XIII*, *XIV* et *XV* appartiennent à cette collection, excepté les *figures* M et N de la *planche XIII*, dont les originaux se trouvent à *Evora*.

Explication de la planche XIII.

A et B. Monumens en marbre.

C. Monument en pierre solide, qui paraît par l'inscription avoir été élevé à la mémoire d'un marchand par sa femme. Le nom de ce marchand est effacé.

D. D. Représentent, l'un une épée, l'autre un poignard.

E. Une bouteille.

F et G. Ustensiles de forme étrusque.

H. Un vase sculpté d'après une ancienne pierre.

I. Un lacrymatoire.

K. Une brique ancienne, telle qu'on s'en servait alors pour paver.

L. Un ossuaire ou sarcophage, de forme ovale. Il a trois pieds de long sur un de large. Sa profondeur répond à sa largeur. On y a trouvé des pétrifications d'une couleur brune, dont chacune paraît aussi pesante qu'un volume égal de marbre de Carrare. Je n'ai pu apprendre si cette propriété de pétrifier était inhérente à la nature de la pierre dont le sarcophage est formé ; mais cela ne serait pas extraordinaire : car *Théophraste* nous dit *qu'il y a des pierres qui ont la vertu de pétrifier ou de convertir en pierre* tout ce qui est inséré dans des vaisseaux construits avec elles. J'ajouterai ici ce que sir *Jean Hill* observe au sujet de ce passage de *Théophraste*.

« La pierre à laquelle *Théophraste* attribue la propriété de pétrifier, mais dont il ne dit pas le nom, est le *lapis assius ou sarcophagus* ; *l'assian* ou pierre à consumer la chair. *Sarcophagus*, Boet. 403. *Assius ou assius lapis*, Charlt. 251. *Sarcophagus ou assius lapis*, de Laet. 133. *Assius lapis*, Salmas in Solin 847. Plin. liv. 36, ch. 17.

» C'était une pierre très-connue, dont les Grecs se servaient pour la construction de leurs tombeaux, et qu'ils

appelaient σαρκό φαγος, d'après sa propriété de consumer les corps qu'on y
renfermait, opération qu'elle achevait,
dit·on , en quarante jours. Cette vertu
était en très-grande réputation , et tous
les naturalistes anciens en font mention ; mais celle de pétrifier les corps
n'a été mise en avant que par *Théophraste* et *Mutianus*. C'est d'après l'autorité de ce dernier que Pline en parle,
et c'est d'après celle de Pline que quelques naturalistes modernes la rappor-
tent. Selon *Mutianus*, cette pierre con-
vertit en sa propre substance les souliers
des personnes déposées dans son sein,
ainsi que les autres effets qu'on avait
coutumé dans quelques pays d'ensevelir
avec elles, tels que ceux auxquels elles
avaient été le plus attachées pendant
leur vie. Les objets dont il fait mention
doivent avoir été composés de différentes matières; d'où il suit que la propriété de cette pierre de consumer ne
s'exerçait que sur les corps d'animaux,

et

et celle de pétrifier que sur des substances d'espèce différente. Beaucoup de
personnes ont douté qu'elle possédât
cette dernière qualité, et c'est ce qui a
empêché plusieurs d'en parler, dans la
crainte d'hasarder une invraisemblance.
Le motif sur-tout qui leur a fait refuser
croyance à *Mutianus* est la faculté qu'il
attribue à cette pierre d'agir sur des
sujets d'espèce et de contexture différentes ; mais, suivant moi, cette objection ne peut être fondée, et l'assertion
de Mutianus paraît, au contraire, très-
probable. L'endroit d'où l'on tirait cette
pierre était près d'*Assos*, ville de Lycie,
qui lui a donné son nom ; et *Boëthe*
nous apprend que, dans ce pays et dans
quelques autres parties de l'est, il s'y
trouvait aussi des pierres qui, appli-
quées sur le corps de personnes vivantes,
en consumaient pareillement les chairs ».

Histoire des pierres par Théophraste,
*traduction de sir Jean Hill, note des
pages* 23 *et suiv.*

Tome II.   S

Planche XIV.

A. Représente un autre monument de la même espèce que celui de la *figure* C, *planche XIII.*

B et C. Pierres avec des inscriptions romaines.

D. Une pierre portant une inscription qui date des premiers temps de l'ère chrétienne. L'épitaphe qu'on y lit est écrite avec toute la simplicité des siècles apostoliques :

> Ci-gît *Paul*, le serviteur de Dieu, qui vécut 51 ans. Il mourut en paix le troisième jour des ides de Mars de l'année 582.

Planche XV.

Les cinq pierres avec inscriptions, représentées dans cette *planche*, font partie aussi de la collection de l'évêque de *Béja*, à l'exception de la *figure* D, dont le type est adhérent au mur de la place de cette ville. Plusieurs autres fragmens romains ont été trouvés dans l'excavation dont j'ai déjà parlé, et il y avait parmi eux une statue mutilée assise sur un trône, qu'on suppose représenter la déesse *Cybèle*. Quoiqu'il lui manque la tête et les bras, les restes en sont néanmoins très-précieux. Les belles proportions de ce qui existe, la forme de la draperie et la délicatesse de la sculpture prouvent clairement qu'elle fût exécutée dans le temps où les arts étaient à leur zénith. On trouva près de cette statue une main tenant une coupe, et un buste qu'on croit être celui d'Auguste.

Après avoir examiné les objets les plus remarquables que renferment Béja et ses environs, je partis avec un guide et une mule pour *Evora*, ville à douze lieues de distance de celle-ci. Comme nous ne devions pas trouver d'auberge passable sur la route, je résolus d'aller coucher à *Evora*. En conséquence, je donnai la mule à mon guide qui était un homme âgé, et je le suivis à pied la plus grande partie du voyage. Nous entrâmes dans Evora à onze heures du soir.

Evora.

Cette ville située au milieu de la province d'*Alanteju* et sur une éminence, est environnée d'une très-belle plaine qui produit du bled, du vin et de l'huile. Elle s'appelle en latin *Ebora*. Quelques écrivains pensent que c'est d'elle que Ptolémée parle en plaçant dans l'Andalousie une ville du nom d'*Ebura*. Les antiquaires espagnols disent qu'*Evora* fut bâtie par les *Celtes* environ sept cent cinquante-neuf ans avant la naissance du Christ. Pline et d'autres assurent qu'elle fut habitée successivement par les Gaulois, les Phéniciens et les Perses. *Quintus Sertorius*, ce célèbre général romain, s'en rendit maître environ quatre-vingts ans avant l'ère chrétienne, et l'entoura de murs, de fortifications et de chemins couverts. Il l'orna aussi de plusieurs édifices publics, dont quelques-uns existent encore.

Jules-César est le dernier Romain qui l'ait soumise. Il en fit une ville municipale, et lui donna le nom de *Liberalitas Julia*. Les Maures la prirent en 750. Quoique moins considérable qu'Oporto, elle est réputée cependant la seconde ville du royaume. On porte le nombre de ses habitans à vingt mille, et l'on y compte beaucoup de familles riches. Elle renferme un collége et un tribunal de l'inquisition : mais les membres de ce dernier établissement doivent être considérés aujourd'hui comme des bénéficiers sans charge d'ames ; car le pouvoir de ce tribunal inique tombe de jour en jour, et probablement ne se relèvera plus, au grand bonheur de l'espèce humaine.

S 3

Aquéduc de Sertorius. Planche XVI.

Parmi les monumens publics élevés dans cette ville par *Quintus Sertorius,* il existe un très-bel aquéduc qui s'est bien conservé. La vue annexée à cet ouvrage a été prise à la distance d'environ un mille et demi au nord de la ville. Les piles ont neuf pieds de large sur quatre et demi d'épais. L'entre-deux des arches est de treize pieds six pouces, ce qui égale la largeur et l'épaisseur de chaque arche jointes ensemble. Des arcs-boutans sont appliqués par intervalles aux piles pour la plus grande sûreté de l'ouvrage. Le tout est bâti de pierres informes, excepté les arches qui sont en briques.

Les travaux et la dépense que nécessitent des établissemens de ce genre, ont fait conclure à beaucoup de gens que les anciens ignoraient l'art de conduire l'eau à travers des terrains d'une pente inégale, autrement qu'avec des aquéducs , et cela fondé sur ce qu'ils ne savaient pas que l'eau introduite dans un tube tendait toujours à se mettre à son premier niveau. *Vitruve* prouve le contraire de cette assertion au chap. 7 de son livre huitième. Il donne d'excellentes règles pour diriger l'eau à travers des tuyaux, règles qui, si elles étaient exactement suivies , préviendraient beaucoup de méprises de notre part dans des opérations semblables. *Pline* aussi dans son liv. 31, chap. 6, dit expressément que les anciens conduisaient fréquemment l'eau de cette manière. C'est donc une erreur de croire qu'ils ignoraient les principes de l'hydraulique , parce qu'ils se servaient en général d'aquéducs au lieu de tuyaux.

La *planche XVII* représente en perspective un pavillon bâti au-dessus de l'aquéduc et vers l'extrêmité par laquelle il touche à la ville. Dans le centre est un petit réservoir d'où partent des ca-

S 4

naux qui voiturent l'eau aux différentes fontaines et cîternes d'Evora, d'après les principes recommandés par *Vitruve*, dans son livre 8, chapitre 7.

Le plan de ce pavillon est circulaire. Il comporte dans son plus grand diamètre douze pieds six pouces, indépendamment des colonnes environnantes qui sont au nombre de huit et d'ordre ionique. Dans l'intervalle de chacune des colonnes est une niche surmontée d'un chapiteau strié. On a pratiqué au fond de l'une d'elles une ouverture pour donner accès dans l'intérieur du pavillon. Le second étage est décoré de pilastres d'ordre ionique, entre lesquelles on a menagé des passages à l'air extérieur. Un dôme hémisphérique termine la partie supérieure.

Deux choses paraissent singulières dans ce monument antique ; ce sont les acrotères et le parapet peu élevé qui règne au-dessus de l'entablement des colonnes. Il est probable que chacun de ces acrotères était dans le principe couronné d'un vase ; l'un d'eux en offre encore des restes visibles, comme l'indique la *planche* ; et le fragment d'un piédestal qui se retrouve dans l'une des niches m'a fait conclure que toutes devaient avoir été décorées d'un vase.

Le pavillon est en briques, liées entr'elles par un ciment d'une substance si solide que la main du temps paraît avoir été contrainte de le respecter. Quand on considère que ce pavillon a été bâti soixante-dix ans avant l'ère chrétienne, on ne peut que s'étonner qu'un monument d'une composition en apparence si faible ait résisté aux injures réitérées des saisons. En général, c'est un des morceaux de l'architecture ancienne encore subsistans, les mieux conservés et en même temps les plus beaux.

Il nous offre un exemple frappant de ce que peut faire un habile architecte, même avec les plus simples matériaux. Rien de plus élégant en effet que ce

pavillon, quoique construit de briques
et de ciment.

Les Grecs avaient beaucoup d'édifices
bâtis des mêmes matériaux (1) ; et nous
lisons dans *Vitruve*, livre 2, chap. 3,
que les Romains employaient souvent
aussi la brique, comme l'atteste encore
ce qui nous reste de leurs monumens.
Palladio nous a laissé un beau modèle
de cette manière de bâtir dans un portique à huit colonnes qui se trouve à
Venise. Les colonnes qui ont trente-
cinq pieds de haut sont formées de briques qui furent fabriquées dans des
moules ronds, et coupées quarrément
avant que d'être cuites. De cet exemple,
ainsi que de beaucoup d'autres, relativement à l'élégance des édifices construits en briques, nous devons conclure
que, si les nôtres en sont privés, ce
n'est pas faute de matériaux, mais bien

---

(1) Voyez les remarques sur l'architecture des anciens, par Winckelman.

d'architectes ; car il n'y a pas de pays,
quelque stérile qu'il soit, qui ne pro-
duise toujours plus de bons matériaux
que d'artistes capables.

Temple de Diane. Planche XVIII.

Cette *planche* offre la vue d'un autre
monument, fondé aussi par *Sertorius*,
et qu'on dit avoir été un temple consacré par lui à Diane. Le frontispice est
orné de six colonnes d'ordre corinthien,
dont la distribution paraît être du genre
que les Grecs appelaient *pycnostylos*;
car l'entre-deux de chaque colonne
comporte exactement un diamètre et
demi, comme le temple de Jules-César
et celui de Vénus dans le *Forum*, cités
par *Vitruve*, livre 3, chapitre 3.

Le diamètre des colonnes est de trois
pieds quatre pouces. La base en est
attique et s'élève de vingt pouces, y
compris le listel. Les colonnes sont can-
nelées et à filets. Chaque cannelure a

six pouces et demi de large et forme un demi-cercle. Le nombre de ces cannelures pour chaque colonne n'est que de seize. *Vitruve* assigne vingt-quatre cannelures aux colonnes corynthiennes; cependant l'effet de celles-là n'est point désagréable. Les chapiteaux méritent de fixer l'attention par leurs belles proportions et la délicatesse du travail.

L'entablement, à l'exception d'une partie de l'architrave, est entièrement détruit. Le reste de l'ouvrage s'est maintenu dans un état d'intégrité vraiment incroyable pour un monument de cette antiquité. Ce phénomène est dû à la nature de la pierre qui est une espèce de granit un peu lisse, mais excessivement dur. L'architecture du frontispice et des côtés est évidemment *moresque*, ainsi que celle des créneaux de l'édifice.

Du côté de la façade principale sont cinq colonnes à angles; je n'en découvris que trois du côté opposé. Nous pouvons inférer de toutes ces colonnes que c'était un temple *périptère* ; car, suivant *Vitruve*, livre 3, chap. 1, les temples de cette espèce ont six colonnes en avant, et autant sur l'arrière. Les côtés en comportent onze, y comprises celles à angles. On a laissé l'intervalle d'une colonne entr'elles et le corps du temple.

L'élégance qui se manifeste encore dans les restes de ce temple a fait penser à plusieurs personnes que l'architecte était un Grec, d'après la supposition que Rome au temps de Sertorius ne possédait pas d'artistes capables de concevoir et d'exécuter un monument aussi fini. J'en dois la première connaissance à *don Ignace de Manique*, intendant général de Lisbonne. C'est le plus beau morceau d'architecture qu'il y ait en Portugal en fait d'antiquité et d'élégance. Je suis fâché cependant d'avoir à observer que l'état d'abandon dans lequel on le laisse ne fait pas honneur au bon goût des habitans d'Evora.

Il est employé aujourd'hui au plus dégoûtant de tous les offices ; car il sert
de boucherie. On pourrait dire à cet
égard qu'il n'a pas changé de destina-
tion ; car, dans le principe, il était
inondé du sang des victimes qu'on im-
molait pour appaiser Diane, tandis
qu'aujourd'hui il en est couvert pour
assouvir la faim de quelques hommes.
Ce temple paraît donc naturellement
destiné à être un théâtre de carnage et
de sang.

Plusieurs inscriptions antiques ont
été découvertes de temps à autre dans
cette ville et ses environs. On en lit
neuf sur un vieux mur attenant à la
prison, avec deux autres modernes. Les
planches XIX, *XX* et *XXI* renferment des copies de ces inscriptions. Je
dois prévenir que celle de la *lettre D,
planche XIX*, me semble être imitée.

L'inscription de la *planche XXII*
est arabe et a été trouvée à *Evora*.

Les modèles du vase antique *M* et

de la frise dorique *N* dans la *pl. XV*, se voient aussi sur le mur d'où les inscriptions ci-dessus ont été extraites.

Le Charnier. Planche XXIII.

Occupé un matin à prendre quelques vues sur la place d'*Evora*, je fus abordé par un franciscain qui me demanda si j'avais visité *la casa dos osos*, ou le charnier de son couvent. Lui ayant dit que non, il me répliqua : « *En ce cas, monsieur l'étranger, tu n'as rien vu ; venez avec moi* ». Nous traversâmes l'église, et nous pénétrâmes sous une voûte, à l'entrée de laquelle sont écrits les vers suivans :

« Nos os osos que aqui estamos
» Pellos vossos esperamos ».

Français littéral.

Tout ce qu'ici nous sommes d'os,
Lecteurs, nous attendons vos peaux.

A l'aspect de ce *golgotha*, le voyageur reste immobile de terreur et de surprise. Ce dépôt de la mort a soixante-six pieds de long sur trente-six de large. Les piliers, au nombre de huit, c'est-à-dire quatre de chaque côté, sont tapissés ainsi que les murs, de crânes et d'ossemens humains, incrustés avec un ciment très-fort. L'obscurité du lieu, le nombre, la position et le mélange de tous ces débris humains impriment à l'ame un sentiment à la fois d'horreur et d'humiliation.

Le docteur *Young* qui, dit-on, composa ses Nuits à la lueur d'une lumière placée dans un crâne humain, aurait pris ici une indigestion de mélancolie. Cependant les moines paraissent envisager cette scène lugubre sans la moindre émotion. Tel est l'empire de l'habitude, que la mort même perd de son horreur aux yeux des personnes à qui la religion fait un devoir de s'en occuper constamment, ou que leur profession

sion met en rapport journellement avec des cadavres et du sang.

Montaigne observe que les cimetières et les tombeaux ne furent placés dans les églises et dans les endroits les plus fréquentés des villes, que pour, à l'imitation de *Lycurgue*, familiariser les peuples avec l'idée de la mort, et qu'ils pussent à la vue continuelle d'ossemens, de tombeaux et d'enterremens se bien convaincre de la fragilité de leur existence.

Nous ajouterons à l'appui de cette observation l'usage qui régnait parmi les Mexicains, lorsque les Espagnols firent la conquête de leur pays, usage qui ne pouvait avoir d'autre but que d'habituer ce peuple à affronter et à supporter avec courage la mort. Il consistait à suspendre les crânes de leurs ennemis autour des temples, ou à en former des pyramides au moyen d'un enduit de ciment. On dit qu'André de *Tapea* compta sur l'une de ces pyramides cent trente - six mille crânes.

De-là, peut-être, provenait aussi la coutume adoptée par les anciens Romains dans leurs banquets, de faire combattre des gladiateurs en présence de leurs hôtes, jusqu'à ce que les tables et les plats fussent inondés de sang. De même les Égyptiens dans leurs fêtes admettaient des personnages qui criaient aux convives en leur présentant des figures de morts : *Buvez, et réjouissez-vous ; car vous mourrez aussi.*

F I N.

De l'Imprimerie de Langlois, rue de Thionville, ci-devant Dauphine, n°. 1840.

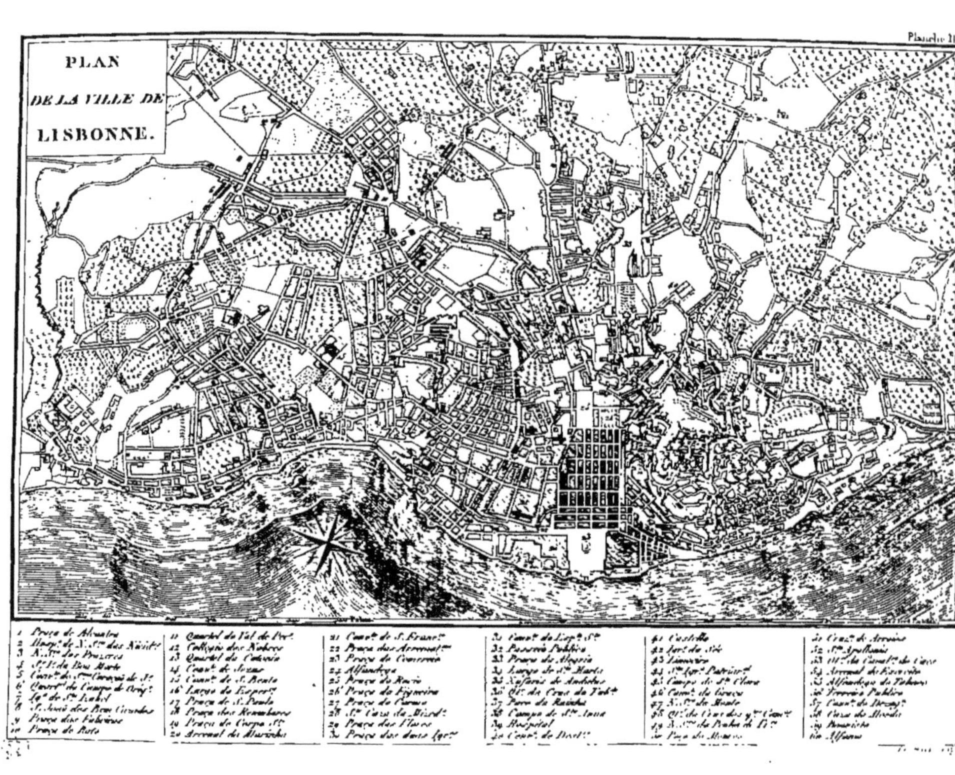

Planche III.
PLAN
DE LA VILLE DE
LISBONNE.

D M
M.L. FILIA. QV
PTA ANNXXXXII
Q.LIN.MARITEE
MITRATVNX
EDST NARVIN
FILIAR. MATRI
ISSIME. POSVE
RVNT
H.S.E.S.T.T.L

D:M
IVSIO. CAELIONIS
CORINTHVS IIQVIE
PARRVIES
VIXII ANNVIII MENSIB
VIII DIEBVS VIII

D:M
MARTIALI
SECVNDINA
SOROR .F.

D M
MNMIVS OR
SIMNS AA
XV
MVMIA.
FVNDANA
LIBERTO ME
RENTI PO
H.S.E.S.T.T.L.

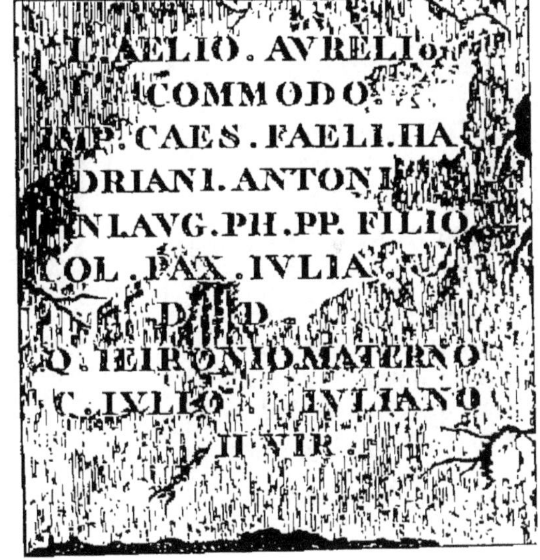
L.AELIO. AVRELIO
COMMODO
P.CAES.FAELI.HA
DRIANI.ANTONI
N LAVG.PH.PP. FILIO
COL. PAX. IVLIA
D D
Q. HIRONIO MATERNO
C.IVLIO IVLIANO
II VIR

D

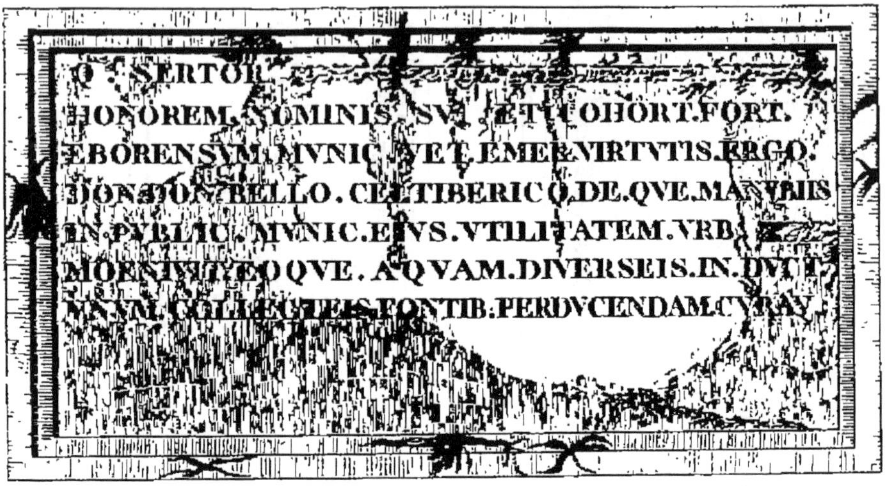

Q . SERTOR
HONOREM . NVMINIS . SVI . ET . COHORT . FORT .
EBORENSVM . MVNIC . VET . EMER . VIRTVTIS . ERGO .
DONATON . BELLO . CELTIBERICO . DE . QVE . MANVBIIS
IN . PVBLIC . MVNIC . EIVS . VTILITATEM . VRB .
MOENIVM . EOQVE . AQVAM . DIVERSEIS . IN . DVCT
VM . COLLECTEIS . FONTIB : PERDVCENDAM . CVRAV

LARIB . ET . PRO
SALTE . ET . INCOLV
MITTTE . DOMVVS
Q . SERTORI
COMPETALB . LVDOS
ET . EPVLVM . VICINEIS
IN . DONACEDO
MESTICA . EIVS . ET
Q . SERTOR . HERMES
Q . SERTOR . CEPALO
Q . SERTOR . ATEROS
LIBERTEI

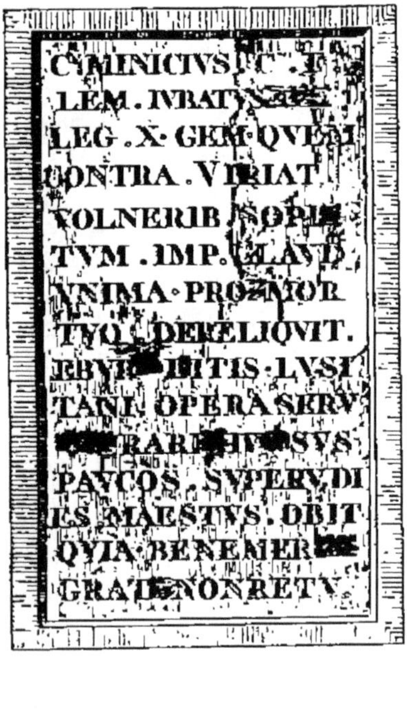

C . MINICIVS . C . F
LEM . IVRATVS
LEG . X . GEM . QVE . DI
CONTRA . VIRIAT
VOLNERIB . SOPIT
VM . IMP . CLAVD
NNIMA . PROXMOR
TVQ . DERELIQVIT .
EBVIO . MILITIS . LVSI
TANI . OPERA . SERV
RARE . HEIVS . SVS
PAVCOS . SVPERVDI
ES . MAESTVS . OBIT
QVIA . BENEMER
GRADV . NON . RETV

MANILIA . M . F .
MAXVMA . AN XII
H . S . E . S . T . T L .
C . VIBIVS . TANCI
NVS . COGNATAE
SVAE . F . C

D . M S .
C . ANTONIO . C . F . FLA
VINO . VI . VIRO . IVN .
HAST . LEG . II . AVG . TORQ .
AR . ET . AN . DVPL . OB . VIRT .
DONATO . IVN . VERECVN
DA . FLAM . PERP . MVN . EBOR
MATER . F . C .

DIVO . IVLIO .
LIB . IVL . EBORA .
OB . ILLVS . IN . MVN .
E . MVN . E BERALI
ATEM . EX . D . D . D
QVOIVS . DED CATIO
NE . VENERI . GENE
TRIO . DONVM . MA
TRONAE . CESTVM .
TVLERVNT .

I . O . M
OB . PVLSOS . A . Q . SERTOR
METEL . ADQ . POMPE . IVN .
DONACE CORONA . ET . SCEP
TR . EX . ARG . MVNVS . ADTVLIT
FLAMIN . PHIALA . CAELATAM .
HIERODVLIS . COENAM . D . D

CILIO . Q .
VOLVS . ARI
COH . I . G . R . SEX
PROVO C . VICTORI .
DON . DONATO . AB
IMPER . II . HAST
PVR . III . VEXIL .
CIVIC . I . MVR .
IIII . OBSIDIONIB
HIS . IN . RES . P . S . FVNC
EBOREN S CIVI . OPT .
MERITA EIVS . IN .
MVNIC . MARMOR
BASI . AENE . D . D

L . VOCONIO . L . F .
Q . VIR . PAVLILLO . AED . Q
II . VIR . VI . FLAM . ROM
DIVORVM . ET . AVGG .
PRAEF . COH . I . LVSITE . ET . CO
LVETTONVM > LEG . II . ITAL
OB . CAVSAS . VTILITATESQ . PVB
CAS . ANT . ORDIN . AMPLISS .
FIDELITER . ET . CONSTANTER
DEFENSAS . LEGATIONE . QVA . GR
TVIT . ROMAE . PRO . R . P . SVA . FVN . ES
LIB . IVL . EBORA
PVBLICE . IN . FORO

IOANNES . III . LVSITAN . INDIAR . ET . IN . AFRICA . REX .
CELEBREM . AQVÆ . ARGENTEAE . DVCTVM . A . Q .
SERTORIQ . AN . LXXV . ANTE . D . CHRISTVM . NATVM .
EXTRVCTVM . BARBARIE . ET . ANTIQVITATE . FVNDE
TVS . DEMOLITVM . NOVA . FORMA . LIBERALI . IMPEN
SA . MAIORI . AQVARVM . COPIA . ADIECTA . XVII MIL .
PASS . DVCTVI . VERVS . P . P . IN . VRBEM . REDVXIT .
ANN . SOLVTIS . MDXXII .

PHILIP . II . AQVAM . A . Q . SERTORIO . AB . AGRIS
OLIM . DIVORVM . NVNC . ODIVOR . PERDVCTAM
ET . IOANNE . III . RESTITVTAM . REGNI . ET . PIE
TATIS . HÆRES . MVNIFICENTIA . REGIA . CONS
ERVANDAM . CVRAVIT . BENEFICIS . BENEFICVS
PONI . STATVIT . CEPPIS . EBORENS . ANTIQVAM
NOBILITATEM . ATTESTANTIBVS . FORVM
ILLVSTRAT . ANNO . DOM . MDCV .

COPIE D'UNE INSCRIPTION ARABE TROUVÉE À ÉVORA.